LOTUS

蓮覇

鷗堂

なぜ、佼成学園高校弱小アメフト部が
日本一になれたのか

相沢光一 スポーツライター
KOUICHI AIZAWA

佼成出版社

連覇

なぜ、佼成学園高校弱小アメフト部が日本一になれたのか別丁扉の書は、佼成学園高校書道部の顧問・八十川 勝（やそがわ まさる）さんが揮毫したものです。

はじめに

スポーツライターとして、これまで数多くの学生スポーツチーム（＝部活動）の取材をしてきた。取材対象になるのは何らかの実績を残し、注目されているチーム。例えば、「日本一に何度もなっている」「強豪校を倒すミラクルを起こした」「好選手を多数輩出している」等々だ。

「どうすれば、こんな強い（良い）チームがつくれるのか」

「なぜ、このチームで選手が伸びるのか」

そんなスポーツファンの興味に応えるべく、学校を訪ね、練習を見学させてもらい、監督に指導法を聞き、スポーツライターなりの〝解〟を導き出しては記事にしてきた。

監督のキャラクターはさまざまだ。指導理念を聞くと、笑いを交えながら饒舌《じょうぜつ》に語り続ける人もいれば、言葉数は少ないが理路整然と話す人もいる。指導に対する並々ならぬ熱量があることは共通するが、取材に対しては親切かつ穏やかに対応してくれる。

しかし、練習場に出ると誰もが違う表情を見せるのが印象的だった。あえて厳しい顔をつくるわけではないのだろうが、そこには場を圧するような存在感があり、緊張感であたりの空気がピーンと張りつめる。実績を残してきた強いチームは例外なく厳しい練習を重ねるが、それは監督の視線の圧によって実現されている感があった。

佼成学園高校アメリカンフットボール部「LOTUS／ロータス」は、二〇一六年に高校アメリカンフットボール日本一決定戦である「クリスマスボウル」に初出場し、優勝した。創部から四十年目、念願の日本一の座に就いたわけだ。実は、それまでのロータスは、ほかの強豪校にいま一歩及ばず、勝ちきれなかったチームだった。だからこそ、ロータスがクリスマスボウルに初出場して優勝を遂げただけでなく、その後の二年間も連覇を果たしていると知り、注目するようになった。

筆者はクリスマスボウル四連覇に挑戦するシーズンが始まった二〇一九年五月、取材する機会を得たのだが、取材を進めると、勝ちきれなかったロータスを日本一のチームにしたキーワードが、「連覇」であることがわかった。ただし、この言葉に文字通りの「連覇」の意味だけがあるわけではなかったことも……。

ともあれ、事実、ロータスはその後の都大会や関東地区大会でも四年連続の覇者になるなど、連覇を果たしており、大会の優勝だけでなく、そこに至るまでの公式試合でも五十二連勝の記録を打ち立てた。

筆者は二〇〇一年、アメリカンフットボール日本一決定戦である「ライスボウル」を制したアサヒ飲料チャレンジャーズの取材をし、一冊の本にまとめたことがある。チャレンジャーズは長い間低迷していたが、指導陣による意識改革や画期的な強化法で急激に力を伸ばし、日本一のチームになった。ロータスも長い低迷期を乗り越えて頂点にたどり着いたチームである。そんな共通項があるということで声を掛けていただいたのだ。

さすがに日本でトップの実力を持つチームだけあって、ロータスの練習内容はハードだし、レベルも高い。部員たちは、一つ一つのプレーに集中しており、緊迫感も漂っていた。

ただ、ほかのスポーツチームの強豪校と大きく異なることがあった。それは、部員たちに小林孝至《たかし》監督の視線を意識している素振《そぶ》りが一切ないことだ。先述したような、監督の存在が醸し出す圧によって、きつい練習を強いられている様子はなかった。感じられるのは、レベルアップしたいという純粋な思い。その一心で、それぞれの部員が自らを追い込み練習に励んでいるようだった。

　練習を見る監督の姿勢も異なる。他競技の強豪校では、監督の多くは練習全体を俯《ふ》瞰《かん》するように見ている。凡ミスや気の抜けたプレーをした選手を見つけると、呼んで叱りつけることも珍しくない。

　小林監督はどうしているか。ロータスでは、部員をレベル別に二つのステージに分けて練習を行なっている。小林監督が全体を見ている点はほかの競技の監督と変わらないが、何か気づいたことがあると、選手のもとに歩み寄ってアドバイスをする。それが終わると、また練習の全体を俯瞰するといった具合に、とにかく監督自らが動き回るのだ。上から見下ろしている感じはまったくない。

　練習が終了すると、それぞれのグループは部員同士でミーティングをし、その日の課題などを話し合う。そのあと、全員を集めて小林監督が練習の評価や課題をクリアするための指示を出すのだが、このときも多くは語らず、簡潔に述べることが多い。

練習後にボールをパスしたり、タックルをし合ったりする者がいれば、そのときも小林監督は部員たちに歩み寄り、話し掛けている。全体に対する指示などと比べ、じっくり話をしている様子が見て取れた。

統率された強豪校では、監督から話し掛けられた部員は、緊張から直立不動になることが多い。が、ロータスの部員はリラックスした姿勢で小林監督と対話を続ける。もちろん部員たちには、監督をリスペクトする気持ちはあるのだろうが、過度に緊張している様子はない。

「これが強豪といわれる高校の運動部なのか?」

正直、そう思うほどにロータスの練習風景はほかのスポーツの強豪校とは違うものだった。

ただ、これまで数々のチームを見てきた経験に照らすと、ロータスは社会人のクラブチームに雰囲気が近かった。Xリーグのチャレンジャーズだったり、ラグビーの強豪チームだったり、クラブチームの選手たちはその競技が「好きだから」という理由でプレーを続けている。誰かにやらされているわけではなく、「好きだから向上したい」

「向上すればもっと楽しめる」という思いから練習に励んでいる。ロータスの部員たちが練習に臨む姿勢にも、監督と部員の関係性にも、それに似たイメージを感じた。ひと言でいえば、「高校生で組織されているとは思えない〝大人〟のチーム」といった印象だ。

学校は言うまでもなく教育の場であり、部活もその一環だ。部活にはさまざまな学びがある。目標を達成するために努力する心を養い、組織の約束事を守る重要性を知り、チームワークを学ぶ。そのなかで、コミュニケーション能力や物事に諦めずに取り組む精神が鍛えられる。それだけでなく、勝利のために知恵を絞ること、試合の局面で的確な判断をすること、仲間同士で支え合うことの大切さなど、自己の確立を図る機会を多く得ることができる。

部員が部活動を通してそれらの力を発揮できれば、チームは強くなるだろうし、部活を終えても社会で力強く生きていく力になるのだろう。だが、これまでの部活にありがちだった上から抑えつける指導のもとでは、選手が自主性を養う機会は与えられていないことも多かった。ロータスはその点を克服し、部員たち自身が部活を通した学びを自覚している。特に、ロータスの部員の自主性の高さを感じたのは、四連覇をかけた昨年末のクリスマスボウルに敗れたときだった。その敗北は、飛ぶ鳥を落とす勢いだったロータスを失速させるものではなく、人間教育に根づく強さの真価を証明するものだったと筆者は見ている。

本書ではこれから、弱小だったロータスが日本一になるまでの軌跡を綴《つづ》っていくわけだが、そのうえでつけ加えておきたい情報がある。それは、佼成学園高校が進学校であることだ。大学受験を最優先に考えるため、ほかの学校ほど練習に長い時間を充てられないといった制約がある。小林監督はそんな環境下でも、指導するからにはチームを強くし、大会では一つでも上を目指したいという思いを持っていた。そのために、あらゆることで合理性を追求し、部員たちの自立を促すための最新の理論や知見を活用するなど、さまざまに知恵を絞った。高校部活のイメージを覆すチームは、そうした制約がある環境だからこそ生まれたのだった。

目次

装丁　冨澤　崇

アメリカンフットボールのポジション

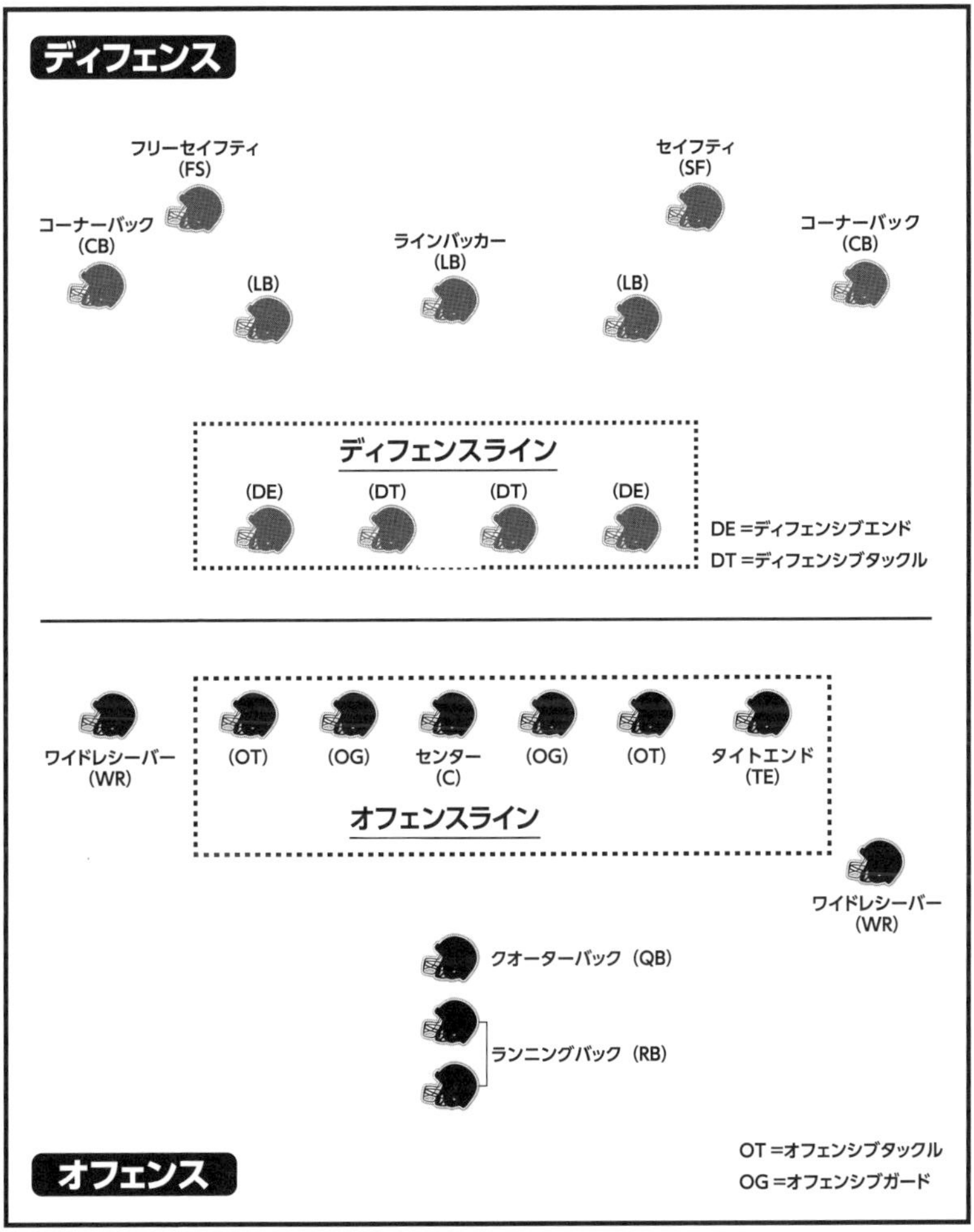

序 章

「クリスマスボウル」の舞台裏

敗戦によって見えたチームらしさ

二〇一九年十二月二十二日、小雨模様の横浜スタジアムで高校アメリカンフットボール日本一決定戦「クリスマスボウル」が行なわれた。

対戦したのは佼成学園高校「ロータス」（東京代表・以下、ロータス）と立命館宇治高校「PANTHERS／パンサーズ」（京都代表・以下、パンサーズ）。ロータスは、二〇一六年からクリスマスボウルを三連覇しており、この試合には四連覇がかかっていた。一方のパンサーズは、通算四回目の出場となるが、過去三回はいずれも苦杯を喫していた。前年の二〇一八年には、ロータスとクリスマスボウルの舞台で対戦しており、第一クオーターで二十一対〇と大差をつけながらも、大逆転を許して敗れている。

連覇の栄光を継続したいロータス。前年の雪辱を果たし、悲願の初優勝を飾りたいパンサーズ。両チームの選手たちは熱い思いを胸に抱き、この試合のフィールドに立った。

この思いはプレーにも表われた。特に健闘したのは両チームのディフェンス陣だ。相手の攻撃を闘志あふれるプレーで封じ、前進を許さない。第一クオーターは両者無得点で終了した。

第二クオーターで均衡は破れた。ロータスが十七ヤードのタッチダウンパスを通し、七点を先制。ところが、この直後にパンサーズがビッグプレーを繰り出す。

攻守権の交替の際、キックオフでロータスの選手が蹴り上げたボールをキャッチしたパンサーズの選手が、立ちふさがるロータスのディフェンスを巧みに潜《くぐ》り

攻守が激しくぶつかり合う熱戦が繰り広げられた

抜け、そのままタッチダウンを奪ったのだ。キックオフ・リターン・タッチダウンである。このワンプレーで流れを掴んだパンサーズがもう一本タッチダウンを決め、七対十二とリードした。

第三クオーターは互いに得点を許さず、一進一退の攻防が続いた。

スコアは七対十二のまま、試合は最終の第四クオーターを迎えた。ロータスがタッチダウンを決めれば、まだまだ逆転できる点差だ。パンサーズの選手たちの脳裏に、大逆転で敗れた一年前の記憶がよみがえったことだろう。試合を見ている観客のなかには、前年の両チームの戦いを知る人も当然多くいた。固唾《かたず》を呑んで戦況を見守っていた観客も多かった。

このプレッシャーに打ち勝ち、流れを掴みとったのはパンサーズだった。浮き足立つことなく二本のフィールドゴールを決めて七対十八。ロータスがタッチダウンを二本決めなければ追いつけない状況をつくった。

しかし、ロータスの選手たちも諦めなかった。ゴールライン手前までじわりじわりと迫り続け、最後まで逆転を信じてプレーした。だが、ここでもパンサーズのディフェンスが踏ん張り、試合終了の合図が会場に響き渡った。この一戦を制したパンサーズは、初の高校日本一の座に就いた。

クリスマスボウルを三連覇して四年目の出場を果たし、この間、公式戦五十二連勝を続けてきたロータスの選手たちにとっては、初めて味わう敗戦だった。にわかには信じ難い事実だが、今季を戦った選手たちは入部して以来、ただの一度も負けた経験がなかったのだ。それだけに、受けた衝撃は大きかったのだろう。

試合後、閉会式が行なわれる前に両チームが一度集まる時間があった。試合終了から次第に雨脚が強くなり、多くの選手が力なく伏し目がちだ。そんななか、目黒歩偉《あい》キャプテンは、凛としてこう呼び掛けた。

「結果は残念だったけど、ここが終わりじゃない。この試合は俺たちにとっては一つの通過点でしかない。一、二年生には来年以降もチャンスがあるし、三年生のなかには進学してアメリカンフットボールを続ける人もいる。いまはロータスの部員らしく顔を上げて、自分たちがこれまでやって来たように、すべきことをしっかりやろう」

「おう」と力強い声が響き、選手たちは気を取り直したように潔く立ち上がった。涙する選手は涙をぬぐい、隣にいる仲間の肩にそっと手を置く選手の姿も見える。

閉会式が終わると、選手たちはバックヤードに入り、試合会場をあとにする準備を始めた。用具を片づけ、運搬の車まで運ぶ。それが済むとシャワーを浴び、着替え、ロッカールームの掃除をした。ロータスでは、外部会場を借りる際、「使う前よりもきれいにして返す」ということを日ごろから心掛けているのだが、大敗を喫して落ち込んでいるこの状況下でも、上級生も下級生も、いつも自分がしていることをこなしたのだった。

「さすが、ロータスの部員だなと感じま

失意に暮れる部員たちに語り掛ける目黒キャプテン

した」

あとになって、そのときの選手たちの行動を周囲から聞いた小林孝至監督は、素直にそう思ったと言う。

「敗戦の責任を一番に感じ、ショックを受けているのはキャプテンの目黒なんです。しかし、そんな素振りは少しも見せずに、この試合は一つの〝通過点〟だと言い、いまなすべきことをやろうと呼び掛けた。そして部員たちも、その言葉にすぐに反応して前を向き、淡々とではありますが、自分の役割を果たしてくれた。チームとしての成長を感じました」

「勝ってあたりまえ」という周囲の目

控室の片づけを済ませたロータスのメンバーは、横浜スタジアムの地下駐車場に集合した。このチームでの最後のミーティングを行なうためだ。

実はロータスは、「勝っても大喜びしないチーム」として周囲に知られている。クリスマスボウルの三連覇を取材してきたスポーツ紙の記者はこう語る。

「どの競技でも全国制覇した高校チームの選手は喜びを爆発させるじゃないですか。号泣する者も少なくない。もちろん、ロータスも喜んではいるんですよ。でも、泣く選手はほとんどいない。見ているこちらが拍子抜けするほどです」

しかし、このときばかりは誰もが敗戦のショックに動揺を隠し切れないようだった。のちに、この試合を小林監督に振り返ってもらったところ、「この試合まで、ロータスは公式戦で五十二連勝していました。ですから、クリスマスボウル四連覇をかけた試合だけでなく、それまでの一戦一戦が負けられない試合だったんです。このプレッシャーは重く、下級生にとってはストレスにまでなっていました」と、選手たちの胸中を代弁してくれた。

どんなに強いといわれるチームでも、試合に挑むときには緊張や不安が芽生える。勝負事に絶対などないからだ。ただ、連勝を続けてきたロータスの戦績だけを知る周囲からは、〝勝ってあたりまえ〟という目で見られてきたのだという。連覇のときにそうした目を感じ始め、三連覇後は明確なプレッシャーとなって選手にのしかかっていった。

そんななかで始めた二〇一九年のチームづくりは、傍目《はため》には順調に見えた。春季関東大会では、「佼成の連覇を法政が止める」と周囲にいわれるほどに、チームを仕上げていた法政大学第二高校との決勝戦に大差で勝利。また、初めて行なったハワイ合宿では、アメリカの高校チームと対等の試合を展開した。その強さだけでなく、グラウンドへの出入り時や、試合前の相手への礼を欠かさない規律正しいチームの姿勢は、対戦校の指導者にも評価され、現地のメディアから取材を受けるなど、ロータスは着々とあらゆる面でのチーム力を高めていたのだ。

法政二高だけでなく、このシーズンは全国大会関東地区予選のライバル校が軒並み力をつけていたうえ、「打倒ロータス」を合言葉に挑んできた。が、苦戦した試合はあったものの、最終的には勝利を収め、クリスマスボウルに駒を進めた。そんな状況のなかで、〝勝ってあたりまえ〟という視線はますます強くなり、選手だけでなく、小林監督もそのプレッシャーを意識するようになったと言う。

最後のミーティングで選手たちに語った言葉にも、その思いが感じられた。

「去年の十二月二十四日、長居スタジアムで日本一になってから今日で三百六十三日です。この間、大変なプレッシャーのなかを戦ってきました。人が味わえないようなつらさがあったと思う。そのなかで、自分が成長してきたことを誇りに思ってほしい。今日は相手が強かった。彼らは去年うちに負けてから、今日まで厳しい練習を重ねてきたと思う。勝負は、チャンピオンチーム以外はみんな負けて終わる。でも、今年も最後まで残れたわけだから、クリスマスボウルに出場できたことに感謝しよう」

そして、この日で部活を終える三年生

「勝たせてあげられなくてごめん」。声を詰まらせて語る小林監督

に向けてはこう語った。

「何かが足りなかったと思うんじゃなくて、相手をリスペクトして終わろう。大学に進学すれば、日本代表としても闘うことを目指す次のステップがあるから、そこでおまえたちは良いリーダーシップを取って、今日のプレーで学んだこと、成長したことを活かし、活躍の場を広げていってください。アメリカンフットボールを通して、人間としてどれだけ成長できたかを振り返ってほしい」

　冷静な指導者の言葉そのものだった。だが、このときは同時に、指導者としての責任も感じていた。

「指導者としてチームを勝利に導くのが私の役割です。そのために持っている経験や知恵を総動員して指導していますし、試合でも戦略と戦術を駆使しています。敗れたというのは、そのどれかが相手に及ばなかったということであり、勝たせてあげられなかった悔しさと責任を感じました」

　その一方で、部員たちにどんな言葉を掛けるべきか、大いに悩んだと言う。部員たちがこの敗戦の事実をどう受け止め、どう糧にしていけるのか。指導者としての自分の言葉が、今後の部員の人生に大きく影響を与えると感じたからだ。

「指導者のなかには、『この試合に人生のすべてをかけろ』と叱咤《しった》する人がいます。高校のスポーツでも、日本一を争う試合はそれだけ価値があるのかもしれません。ですが、それを要求するのは重過ぎますし、勝っても負けても燃え尽きてしまう可能性があるわけです。学校の部活動は、教育なんです」

人としていかに成長できるか

部活動とは教育である。体罰やパワハラが横行する昨今のスポーツ業界。学校の部活動でもいわゆる「ブラック部活」という言葉が生まれ、スポーツや教育の本義とはかけ離れた、行き過ぎた指導が問題となった。そこまでいかずとも、部活動が教育であるという視点は、ともすると忘れられがちなのではないか。

文部科学省は、運動部活動の意義の中に、次のような言葉を提示している。

（生徒の）「自主性、協調性、責任感、連帯感などを育成する」「自己の力の確認、努力による達成感、充実感をもたらす」「互いに競い、励まし、協力する中で友情を深めるとともに、学級や学年を離れて仲間や指導者と密接に触れ合うことにより学級内とは異なる人間関係の形成につながる」

ロータスはこの視点を常に忘れないように部活動を運営してきたのだ。

「特にスポーツでは、勉学とは別の多くのことを学べます。私の場合はアメリカンフットボールですが、この競技はポジションごとに役割が異なっていて、各々がそれを果たすことが求められます。互いをリスペクトし、一人ひとりがチームのために自分が持つ力を出し尽くす。部員たちには二年半ほどの部活を通して、それができる人間になってほしいんです。二年生、一年生は敗戦の悔しさを今後の成長につなげていかなければなりません。三年生はクリスマスボウルが高校最後の試合にはなりますが、大学・社会人でアメリカンフットボールを続ける者もいますし、これを区切りに競技を離れる者もいます。そして、それぞれがこれからの長い人生を歩んでいく。どのような道を歩んだとしても、部活動を通して身につけた、『自分の役割をまっとうする』『目標や組織のために全力を尽くす』という感性は活かせるわけで、この敗戦もまさに〝通過点〟でしかないんです。一つの学びと受け止めて前に進んでいかなければならないのです。それをキャプテンの目黒が言葉にした。部員たちも全員がその意図を理解し、前を向いてくれた。監督の私がこんなことを言うのは気恥ずかしいのですが、競技力だけでなく、人間性においても部員たちの成長を感じられ、いいチームになったなと思いました」

四年連続日本一という目標に届かなかったにもかかわらず、小林監督はこのようにチームを評価し、顔をほころばせる。そんな受け止め方ができるのは、ここに至るまでの長い年月があるからだ。

小林監督がチームの指揮を執るようになったのは一九九四年。この頃のロータスは、都大会でさえ勝つことが難しい弱小チームだった。十分な部員数を集めるところから始め、試行錯誤を繰り返し、チームを成長させてきた。

重視したのは、部員たちの人間的成長だ。部活動が教育であるという視点を、監督就任当時から胸に秘めてきたのだ。選手の素質や環境面でも、強豪校とは大きな差があったが、時間をかけて辛抱強く取り組んでいかなければ追いつけない。追いつくためには、高い向上意欲を自ら持てる、自立した選手を育てるしかなかった。

監督就任から二十年以上の年月が経ったとき、その努力が実を結んだ。クリスマスボウルという舞台に立つチャンスも得られなかった弱小チームが、初出場・初優勝で日本一を勝ち取る快挙を成し遂げ、翌年、翌々年と連覇するまでのチームになった。そして、四連覇をかけた試合で味わった手痛い敗北をも、まっすぐに受け止められるチームになったのだ。選手と共に汗を流し、努力を積み上げてきた日々があったからこそ、小林監督はどんなときも選手たちを笑顔で見ることができている。

国内では決してメジャーではないアメリカンフットボールという競技で、弱小から日本一のチームにまで成長したロータスの姿を、小林監督の指導とともに追っていく。

第一章

「究極のスポーツ」
アメリカンフットボール

“勝てるアメフト部”をつくる難しさ

佼成学園高校アメリカンフットボール部「ロータス」は、二〇一六年の「クリスマスボウル」に初出場を果たした。そこで、通算十八回の最多優勝を誇り、大会二連覇を果たしていた関西の名門・関西学院高等部「ファイターズ」を破り、初の日本一の座に就く。

創部は一九七六年。四十年かけてやっとたどり着いた頂点だ。高校のアメリカンフットボール部を成立させ、強化することがいかに難しいか。この年月が物語っている。

本書では、ロータスが日本一を勝ち取るまでの軌跡を述べていくわけだが、その前に、クリスマスボウルという大会の位置づけや大会を制することの難しさを知っていただくために、日本の高校アメリカンフットボール事情を簡単に紹介しておきたい。

クリスマスボウルは大学王者を決める「甲子園ボウル」と同様、東日本の覇者と西日本の覇者が対戦する形を取っている。統括組織は「関東高等学校アメリカンフットボール連盟」と「関西高等学校アメリカンフットボール連盟」だ。

関東連盟に加盟している高校は、東京地区三十校、神奈川地区十六校、埼玉・茨城・千葉地区十三校、静岡地区二校、新潟地区一校の計六十二校。関西連盟加盟校は、大阪地区十八校、兵庫地区十校、京都地区五校、滋賀地区五校、愛知地区三校、広島地区二校の計四十三校だ。（二〇一九年時点）

加盟校は各地区で行なわれる秋季大会兼全国大会予選（九月から十月開催）に出場。この上位十校ずつが「全国高等学校アメリカンフットボール選手権大会」（十月から十一月開催）の関東地区大会（以下、秋季関東大会）と関西地区大会に進出し、両大会を制した高校同士がクリスマスボウル（十二月下旬開催）で日本一の栄冠を争う。

加盟校の所在地区と校数が示すとおり、アメリカンフットボール部を持つ高校に全国的な広がりはない。この原因はいくつか考えられる。

まず、国内ではアメリカンフットボールというスポーツに接する機会が圧倒的に少ない。野球やサッカーのような一般的な人気はなく、全国大会であっても、地上波でテレビ中継されることはない。試合を見る機会も、ボールを使って遊ぶ機会もほとんどない競技なのだから、子供たちの憧れの対象にはなり得ないだろう。

興味を持つ機会が少ない上に、チームを成り立たせるための条件が多いのも、アメリカンフットボール人口が増えない大きな要因だ。アメリカンフットボールは、十一人で構成されるチーム同士が競い合う競技なのだが、一般的には攻撃チームと守備チームをそれぞれ用意する必要があり、数多くのプレーヤーが必要となる。そもそも関心を寄せる人の数が少ない中で、部として成立させるハードルは高い。

たとえ、部を立ち上げることができても、体がぶつかり合う激しい競技であることから、「けがが心配」「ヘルメットなどの防具をそろえなければならない」といった身体的・金銭的な理由で親からの理解が得られず、選手を集めにくいのも実情だ。

また、指導者や練習環境を整えることのハードルもある。競技性に目を向ければ、ポジションごとのスキルや複雑なフォーメーション、サインプレーなどの専門的な技術を教えることができる指導者が必要であり、広いコートを備えた練習環境も欠かせないわけだ。そうした数々のハードルがあるため、おいそれと立ち上げることができない運動部なのである。

そのため、部があるのはアメリカンフットボールの人気が国内では比較的高い、関東と関西に限られる。関東連盟と関西連盟の加盟校を合計しても百校程度で、このなかには、部員数がそろわず、試合に出場することがかなわない高校もある。二〇一九年の「全国高校学校野球選手権大会」（夏の甲子園）の予選に参加した三千七百超の高校数や、「全国サッカー選手権」の予選参加数四千超の高校数と比べると、アメリカンフットボールの参加校はあまりに少ない。

　参加校数だけで比較すると、「競争率が低いのだから、日本一を決するクリスマスボウルといえども、レベルが低いのではないか」と思う人がいるかもしれない。しかし、競技人口に比例せず、アメリカンフットボールでは高いレベルの戦いが展開されている。

　それは、アメリカンフットボールが特殊な競技性をもつマイナースポーツだからだと筆者は考えている。他のメジャースポーツと比べ、競技の専門性が高いアメリカンフットボールは、一度その魅力にとりつかれたら離れられなくなるスポーツともいわれる。競技経験者が家庭を持ち、男の子が生まれたらアメリカンフットボールをやらせたいと思うだろうし、親戚や知人に優れた身体能力を持つ子がいたら勧めずにはいられないだろう。実際に、現在の高校アメリカンフットボール界には、そうした二世選手が増えている。

その二世選手たちの多くは、アメリカンフットボール部がある数少ない学校に進学することになるわけだが、このとき、有利になる学校がある。それが、大学の付属校だ。付属校を持つ大学のチームでは、鍛えられた部員がエスカレーター式に進学してくることが多いため、付属校のチームを強くすることが、大学チームを強くすることに直結する。だから、有力大学の付属校は争うように練習環境を整え、実績ある指導者を招くといった強化体制を敷いている。二世選手だけでなく、各校がリクルーティングした能力に秀でた選手が最高の環境で高度な指導を受けるのだから、競技レベルは相当高くなっているわけだ。

どの高校スポーツも日本一を争う高校は一部の有力校に限られている。三千七百超の高校が参加する硬式野球にしても、甲子園に出場して上位に進出できるレベルに達しているのは全国で百校にも満たないだろう。高校アメリカンフットボールもそれと同様でトップのレベルは高く、厳しい戦いを勝ち抜かなければ日本一にはなれないのだ。

この厳しい高校アメリカンフットボールにおいて、三年連続で日本一となり、常勝軍団と呼ばれるようになったのがロータスなのだが、佼成学園はいま述べてきたような大学の付属校ではないため、その点でハンディキャップがある。大学の付属校では、高校の強化は大学の強化に直結するし、部員も原則的に受験免除で競技に集中できる有利さがあるからだ。実際、クリスマスボウルの成績を見ると、佼成学園が初優勝した二〇一六年以前は、二十四年間にわたって大学の付属校が優勝している。

ロータスでは三年時で部活を引退すると、そのあとには大学受験が控えており、部活だけに集中するわけにはいかない。進学校の都立高校などもそうだが、勉強と部活を両立させなければならないのだ。

アメリカと対等に競り合う日本の実力

日本の高校スポーツで最も注目度が高いのは、言うまでもなく野球だろう。

二〇二〇年は新型コロナウイルスの影響から大会が中止に追い込まれてしまったが、甲子園球場で行なわれる春の選抜大会と夏の選手権大会は、全試合がＮＨＫで放送され、スタジアムも連日、満員に近い観客で埋まる。参加校数も減少傾向にあるとはいえ、いまも三千七百校を超えている。各都道府県の予選を勝ち抜いた代表校が郷土の期待を背負って戦うという構図も、観る者の心をくすぐる。

また、硬式野球ほどの盛り上がりはないが、冬休み期間中に行なわれるサッカー、ラグビー、バレーボール、バスケットボールなどの全国大会の模様は、地上波でも中継され、根強いファンがいる。

それらに比べると高校アメリカンフットボールは地味なスポーツかもしれない。日本一を決定するクリスマスボウルでさえ、中継は有料のＣＳ放送だけだから、試合を観たことがある人は少ないだろう。

だが、先述のとおり日本の高校アメリカンフットボールの競技レベルは高い水準にある。それを証明する実績として、「インターナショナル・ボウル」というイベントを紹介したい。これは、「ＵＳＡフットボール」というアメリカのアマチュア統括組織が、アメリカンフットボールの国際的普及（特にユース・ジュニア年代）を目的に、毎年一月に開催している育成合宿だ。最終日にはボウルゲームが行なわれ、以前は高校生年代のアメリカ代表と、メキシコ・カナダ・日本などによる世界の選抜選手で構成されたチームが対戦してきた。

しかし、日本はアメリカンフットボールの強化に熱心であり、普及活動のパートナーとして大事な国だと「USAフットボール」に認識され、二〇一七年の「インターナショナル・ボウル」からは、アメリカ代表と日本選抜チームがボウルゲームを行なうようになった。

その二〇一七年からの対戦成績は次のとおりである。

二〇一七年　U－18日本高校選抜　七対四十四　U－17アメリカ代表
二〇一八年　U－18日本高校選抜　二十一対六　U－17アメリカ地域選抜
二〇一九年　U－18日本高校選抜　二十四対二十八　U－17アメリカ代表
二〇二〇年　U－18日本高校選抜　二十八対二十　U－17アメリカ代表

最初の二〇一七年こそ大敗を喫しているが、二〇一八年からの三年間は二勝一敗と勝ち越している。敗れた二〇一九年も二十四対二十八と僅少差だ。また、二〇一八年に勝利した相手は「地域選抜」だが、二〇二〇年の相手は「Ｕ－17アメリカ代表」である。全米のアマチュア統括組織が編成した代表チームに、日本の高校選抜は勝ったのだ。

アメリカンフットボールはアメリカ発祥のスポーツだ。スポーツとしての人気も国内一であり、身体能力に優れた少年なら誰もが一度はプレーする。そのアメリカで選りすぐられた選手が集まる代表チームに、日本の高校生チームは対等以上の戦いをしている。

アメリカンフットボールは身体能力だけでなく、作戦や戦術が勝敗を大きく左右することから、代表や選抜といった寄せ集めのチームは、作戦・戦術面が十分に熟成されておらず、つけ入る隙があることは確かなのだが、国技の高校生代表チームにも勝利できる日本の高校選抜チームは、非常に優れていたといっても過言ではない。

その強さは、野球と比較するとわかりやすい。野球においては、プロが参加するワールド・ベースボール・クラシック（ＷＢＣ）を頂点に、アマチュアや各年代の代表チームを対象にした国際大会が開かれている。このなかに「U－18ワールドカップ」がある。二〇一三年から二年おきに開催され、現在までに四大会が行なわれているが、このうち三回でアメリカが優勝。日本は準優勝二回、三位一回という成績だ。甲子園大会で国中を熱狂させた選手で構成される高校生の代表チームは、世界の頂点に近づいてはいるものの、いまだにたどり着けてはいない。それよりも国内でははるかに地味なアメリカンフットボールという競技においては、日本の高校選抜チームが本場のアメリカチームに勝っているのだ。

ちなみに、アメリカンフットボールにもアマチュアの世界一を決めるワールドカップがある。一九九九年から四年おきに開催され、二〇一五年までで五回の大会を数える。そのなかでアメリカが参加しなかった第一回、第二回大会は日本代表が優勝、アメリカが参加するようになった第三回から第五回まではアメリカが三連覇、日本は第三回と第五回で準優勝、第四回は三位に入っている。

ワールドカップに出場する日本代表の選手は社会人のXリーグ（企業チームやクラブチームで構成される）から選ばれるトップレベルのアマチュアだ。アマチュアでも実力はアメリカが突出しているが、日本はそれに次ぐレベルにあるのだ。持ち前の勤勉さや自らの特性を活かす知恵と工夫で、世界でもトップレベルの実力を獲得しているのだろう。

日本人の強みは、緻密な戦術と連携プレー、そしてそれを可能にするインテリジェンス（知性）だ。身体能力ではアメリカの選手たちに遠く及ばないが、日本人選手はそれを補うだけの知力と戦術によって、対等以上の戦いを繰り広げていると言っていい。

インターナショナル・ボウルでアメリカ代表と対等以上に戦う日本の選手たちは、そうした高度なプレーができるレベルにあるのだ。それゆえ、参加校数は少なくても、都府県大会、そして関東大会、関西大会では、フィジカル・戦術共に相当に鍛えられていなければ勝ち上がれない。日本一への道のりは野球やサッカーなどと遜色ないほど険しいものなのである。

選手数がものを言うアメリカンフットボールの競技性

話をロータスに戻そう。ロータスは、一九七五年にアメリカンフットボールの同好会としてスタートし、翌一九七六年に部に昇格した。

創設者は当時、体育科の教諭だった天野《あまの》博《ひろし》氏。名門・日本大学アメリカンフットボール部ＯＢで、社会人クラブチームの雄であるアサヒビールシルバースターでもプレーした経歴を持つ。

先に述べたように、アメリカンフットボールへの世間的な関心はまだまだ低く、当時も天野氏のような有力者が指導者であっても、思うように部員は集まらなかった。天野氏は、自らが受け持つ授業時や放課後に熱心に部員を勧誘したが、それでも入部する生徒は少なく、三学年合わせても二十人に満たない状態が続いたという。

今でこそ大学や社会人のリーグ戦には多くの観客が集まり、アメリカのＮＦＬ（ナショナル・フットボール・リーグ）の頂上決戦「スーパーボウル」がテレビ中継されれば注目を集めるようになったが、部が生まれた四十年以上前の日本は、アメリカンフットボールがどんなスポーツかさえ、ほとんどの人が知らない時代だった。

ロータスの創設当時も、やはり一番人気のスポーツは野球であり、少年たちの多くが野球選手を目指した。野球以外を選ぶ子供も、中学の部活で始めたスポーツを高校でも続ける傾向が強かった。そんな生徒たちをアメリカンフットボールに誘ったところで、良い返事が返ってくることは少なかったはずだ。

アメリカンフットボールはチームに数多くの選手がいなければ、対戦相手と対等に戦うことができない競技だ。その特性を知っていただくために、ゲームの進み方とルールを述べておこう。

アメリカンフットボールをひと言で表わすとすれば、「陣取り合戦」だ。陣地の位置を示すのがボール。ボールを保持している側が攻撃権を持ち、ボールを持って走ったり、味方にパスをしたりして前進を図る。そして、相手側陣地の奥にあるエンドゾーンまでボールを運べば「タッチダウン」で得点になる。タッチダウンでは六点、そのあとに与えられる「キック・トライ・フォー・ポイント」を成功させるとさらに一点追加となる。

一方、守備側は相手を前進させないために壁のように立ちふさがったり、タックルしたりしてそれを食い止める。

フィールドに立つのは一チーム十一人ずつ、計二十二人だ。両チームが攻撃側と守備側にはっきりと分かれ、攻守交替してゲームが進む点では野球に似ているともいえる。

野球はスリーアウトでチェンジになるが、アメリカンフットボールで与えられる攻撃権は四回ある。それぞれ、「ファーストダウン」「セカンドダウン」「サードダウン」「フォースダウン」といい、四回の攻撃回のうちに、ボールを十ヤード（約九メートル）前進させることができれば、再びファーストダウンから四回の攻撃権を得る。

わずか十ヤードだが、総力を挙げて守る相手を突破して前進するのは難しく、場合によっては、前進どころか後退させられることもある。また、攻撃権は四回だが、四回目で十ヤード進めなければ、その地点から相手に攻撃権が移る。そのため、フォースダウンでは相手陣地の奥深くまでボールを蹴り上げ、相手の攻撃開始位置をなるべく下げようとする「パントキック」をすることが多い。

ゲームの進行に関しては野球に似ているものの、大きな違いもある。その一つが、アメリカンフットボールでは選手の交替が自由にできることだ。だから、トップレベルのチームはベンチ入りする選手も多い。日本の社会人Xリーグは六十五人まで選手を登録することができるし、学生（大学・高校）に至っては人数が無制限なのだ。

この選手交替自由という特性から、「攻撃専門＝オフェンス」と「守備専門＝ディフェンス」の二つのチームを準備して、試合に臨むことがあたりまえになった。オフェンスチームの選手は攻撃、ディフェンスチームの選手は守備の練習を重ねて専門のスキルを身につける。また試合では、自軍が攻撃しているときはディフェンスチームが、守備をしているときはオフェンスチームが休むことになる。

ところが、部員が十数名しかいないチームの選手は、攻撃のときも守備のときもフィールドに出続けなければならない。両軍の陣地を示すボールが置かれるスクリメージラインで対峙《たいじ》するオフェンスラインとディフェンスラインの選手たちは、攻撃の司令塔であるクオーターバック（ＱＢ）のコールでプレーが始まった瞬間、目の前の相手とぶつかり全力で押し合わなければならない。いわば、相撲の立ち会いを繰り返している状況だ。

また、ボールを持って走るランニングバック（RB）やパスを受けるワイドレシーバー（WR）などは、プレーが続いている間は、全力疾走をし続ける。部員数が少なく、選手が攻撃のときも守備のときも出続けなければならないチームは、大抵スタミナが切れてしまう。

佼成学園中学アメリカンフットボール部のコーチを務める東松《とうまつ》宏昌《ひろまさ》氏は、駒場学園の選手としてロータスと対戦した経験から、当時をこう振り返る。

「強豪を相手にしても、試合の前半は対等に戦えるんです。でも、後半になるとバテてしまい、攻撃も守備もボロボロになっていました。結局、大敗してしまいます。そんな成績では、入部希望者も現われませんよね。部員は増えず、苦戦が続くという負のスパイラルに陥っていくわけです」

立ち上げたばかりのアメリカンフットボール部やクラブなら、どこも経験することなのかもしれないが、ロータスもこうした悪循環から抜け出せないでいた。

「究極のスポーツ」といわれる理由

部員数が少なく、選手が攻撃でも守備でも出続けなければならないハンデは、フィジカル面だけではない。戦術やプレーの習熟度でも差を生じさせるのだ。

アメリカンフットボールはプレーの前、攻撃側に「ハドル」という円陣を組むことが許されている。ここでは、主に攻撃のリーダーであるＱＢが、次に行なうプレーの戦術をメンバーに伝える。こうして事前に「打ち合わせ」ができるアメリカンフットボールで重要なのが〝アサイメント〟である。アサイメントとは、「選手個々に割り当てられた役割」という意味だ。

詳しくは後述するが、アサイメントを簡単に説明すると、次のようなことだ。

現在の陣地を示すスクリメージライン上に置かれたボールを持つのがセンター（Ｃ）。この後方にいるＱＢがボールを受け取る合図を出した瞬間、全員が、指示された戦術に従ったプレーをする。

ランプレーのボールキャリア（ボール保持者）になるＲＢは、どのタイミングでＱＢからボールを受け取り、どのコースを走るかを、決められた通りに進む。前方にいるオフェンスラインの選手は、ＲＢの走路を開けるため、対面するディフェンスラインをいかにブロックしてギャップ（穴）をつくるかに専念する。パスキャッチ役のＷＲは、ランプレーのおとりになることも含めて、どのコースを走るかなど、プレーごとに個々の動き方が決められている。全員が自分に割り当てられた役割を同時に果たす、これがアサイメントだ。

選手たちは練習を繰り返すことでこのアサイメントを覚え、精度を高めて試合で使えるようにしていく。手に入れたアサイメントには、チーム内だけで通用する名称がつけられる。例えば、「ドラゴン」と名づけたアサイメントがあれば、ハドルのとき「次はドラゴンでいくからな」と全員に伝えられるわけだ。

このアサイメントの種類は無限にある。すでに多くのチームが使っているベーシックなアサイメントだけでも百以上はあるし、ＮＦＬのプレーブックでは千を超えるアサイメントが紹介されている。

これに、指導者や選手のアイデアで新たに生み出されるアサイメントが加わるため、種類は無限にあるのだ。また、このアサイメントは攻撃だけでなく、守備にもある。多彩な攻撃のアサイメントに対応するためのものだ。

アメリカンフットボールは激しく体をぶつけ合うコンタクトスポーツであり、プレーする選手たち一人ひとりが、パワー、スピード、スキルといった身体能力を備えていることが試合をするうえでの大前提となる。

しかし、それだけでは勝てない。数多くのアサイメントを覚え、決められた役割を果たせる知的能力を持つ選手がそろっていなければ強いチームになれないのだ。あらかじめ決められたアサイメントを習得して忠実に再現し、かつ相手が繰り出してくるアサイメントの動きに臨機応変に対応しながらボールを前進させる。まさに、インテリジェンスが求められるスポーツなのである。

高い身体能力と知性を併せ持つことが求められる、それがアメリカンフットボールが「究極のスポーツ」と形容されるゆえんだ。

ロータスの選手たちもゲームの面白さを知るに従って、アサイメントを突き詰めていった。だが、攻撃と守備の両方の役目を担わなければならない当時の状況では、練習も十分にはできず疲労がたまっていき、アサイメントの精度を高めることまではできなかった。

創部からしばらくの間はそのような苦しい状態が続いたが、部員たちはアメリカンフットボールの奥深さに魅了され、投げ出すことなく競技に向き合ってきた。負けを繰り返しても、仲間同士で鼓舞し合い、アメリカンフットボールに面白みを見いだす努力をやめなかった。

「部員の数や練習環境など、他校との歴然とした差を感じていたことは確かです。ただ、アサイメントには関心があって、自分たちでオリジナルのものを考えては、試合で試していました」

そう語るのは、創部十年目のときのキャプテンで、卒業後は日本大学「フェニックス」で主将も務めた、ディフェンスコーチの関孝英《せきたかひで》氏だ。

「強豪校と対戦したとき、試合中に相手のベンチを見ると控え選手が数十人いるのに、うちには三人ぐらいしかいませんでした。これじゃ勝てるわけないな、と思うわけです。でも、その一方で、反骨心も芽生えてきました。勝ち目はないけど、ビッグプレーを決めて、ひと泡吹かせてやろうぜってね。で、かなりトリッキーなアサイメントを考えては練習し、試合で試したんです。それが、ものの見事に決まると気持ちいいんです（笑）」

当時のロータスの選手たちは、そのようにアサイメントに向き合い、試合に楽しみを見いだしていたわけだ。与えられた状況のなかで、チームが一丸となって夢中になれることを見つける。これは、やがてロータスを常勝軍団にする重要なチーム文化の根っことなる。

関氏が卒業したわずか二年後、ロータスが強豪校とも対等以上に戦えるチームになったことがあった。一九八六年の春季都大会で四位になり、進出した関東大会で準優勝。秋季都大会では、その年のクリスマスボウルで優勝した早稲田大学高等学院とも接戦を演じたほどだった。

急激に部員が増えたわけではない。部員が少ないという状況は変わらなかったにもかかわらず、ロータスは突如としてまずまずの結果を残すほどに強くなったのだ。そのとき、チームのエースＲＢを務めていたのが、ロータスを三年連続で日本一に導いた小林孝至監督だった。

第二章

チームを変えた数々の縁

逸材がそろった黄金期

創部から十二年目に起きた快挙。この年に佼成学園で非常勤の体育教師をしながら、ロータスのコーチを務めていた東松宏昌氏が語る。

「部員は相変わらず天野監督が生徒を勧誘して集めており、なんとかチームをつくっていた状態でした。ですが、この年はなぜか運動能力の高い部員がそろったんです。まさに少数精鋭集団が出来上がったといった感じです。常識的に考えれば、少しくらい優秀な選手が入ったところで、多くの部員がいる大学付属の強豪校には体力面もチーム力もかなうわけがありません。それでも春季関東大会で準優勝できたのは、それを補って余りある有能な選手がいたからではないでしょうか。不思議な巡り合わせを感じました」

このときのチームで、オフェンスではランニングバック（ＲＢ）として得点源となり、ディフェンスではコーナーバック（ＣＢ）として失点の危機を防ぐ活躍をしたのが、現監督を務める小林孝至氏だ。

もちろんアメリカンフットボールはオフェンス十一人、ディフェンス十一人が対峙し、一方は前進しようとし、もう一方はそれを食い止めようとするチームプレーであり、一人図抜けた選手がいたところで劇的に優位になるわけではない。客観的に分析するならば、少ない部員数ながら、与えられた役割をまっとうできる運動能力の高い選手がそろっていたからこそ、この年のロータスは関東大会準優勝という好成績を残せたのだと考えられる。しかし、そこに不可欠な存在が小林監督だったことは確かだろう。

創部以来の快挙に大きく貢献した小林監督だったが、自身がアメリカンフットボール部に入るなどと、思ってもみなかったと言う。

「子供の頃の夢はプロ野球選手になることで、それを実現するために中学受験をし、佼成学園中学に入りました」

通っていた渋谷区の小学校が運営する野球チームに入り、内野手兼投手としてプレーした小林監督。走攻守のすべてに秀でており、チームではキャプテンを務めた。周囲の期待も大きかったという。

佼成学園高校野球部は一九六六年と一九六八年の春、一九七四年の夏の三回、甲子園に出場しており、西東京大会では常に上位に進出する強豪だった。その佼成学園の中学で鍛えられ、高校で甲子園出場を果たす。それが夢に近づく道と考えたのだ。

中学野球部の練習は厳しかったが、それにも耐え、小林監督は中学一年時にセカンドのレギュラーを獲った。幸先の良い順調な滑り出しだった。ところが、年が明けてすぐに部をやめてしまった。きっかけは親友の退部だった。

「彼も一年生でレギュラーになっており、互いに刺激し合える仲でした。でも、当時の野球部にあった上下関係に悩んでやめてしまったんです。切磋《せっさ》琢磨《たくま》するライバルがいなくなったことがショックでした。中学で野球を続ける意欲は持てず、高校に進級してから野球部に入り直し、甲子園を目指そうと考えました」

しかし、スポーツは続けたいと思い、野球部からサッカー部に移った。野球一筋だったため、サッカー経験はなかった。しかも、一年遅れの入部だ。並の選手なら練習についていくので精いっぱいだろう。だが、小林監督はすぐに試合に出るようになり、三年時は副キャプテンを任されるまでになった。類いまれな運動能力の持ち主だったことがうかがえる。

さらにつけ加えれば、その代の佼成学園中学サッカー部は強かった。杉並区大会のベスト4まで勝ち進んだという。それがアメリカンフットボールとの縁につながった。

「区のベスト4まで行けたのは運動能力が高い選手がそろっていたからでもあります。そのチームをアメリカンフットボール部の天野監督が見ていて、私を含めた主要メンバーに『高校ではアメリカンフットボール部に入れ』と言ってきたんです」

むちゃな誘いだ。メンバーはサッカーが好きで部活動をしているわけだし、大会でも好成績を残している。何より、アメリカンフットボールがどんなスポーツかさえ知らないのだ。転向する理由はなく、誘いに応じる選手はいなかった。

「すると、先生は妙な提案をしてきたんです。『夏季の区大会で優勝して、都大会に勝ち進んだら高校でもサッカーを続け、国立競技場を目指せ。だが、それができなかったらアメリカンフットボール部に来い』と。冷静に考えると、こんな条件を出されること自体、理不尽ですよね。でも、向こうは先生で、しかも私の担任でした。毎日熱心に説得されるものですから、根負けして、ついにそのわけのわからない条件を受け入れてしまったんですよ（笑）」

サッカー部はその年の優勝校に惜敗した。約束どおり、サッカー部のメンバーの多くがアメリカンフットボール部に入部することになった。しかも、進学した高校一年時の担任も天野監督だったため、小林監督は野球をやりたいと申し出ることができず、アメリカンフットボールを続けることにした。

「部はキャプテンだった関さんをはじめ、面倒見のいい先輩ばかりで、いい雰囲気でした。ただ、練習を積んで試合に出るようになっても、体をぶつけ合うコンタクトプレーになかなか慣れることができませんでした。強豪校と対戦するときなんかは、恐怖が先に立つんです。まずは部員の多さに圧倒されます。個々の選手を見ても、体はでかいし、強そうだし、上手《うま》そうにも見えるし。そんな心理状態では試合をしても勝負にならないわけです」

実際、大差で敗れることがほとんどだった。これでは部活へのモチベーションが上がるはずがない。だが、ある出来事がチームを変えた。

部員が感化を受けた一流選手のプレー

「高二の春、東松先生が体育の教員として赴任され、ロータスのコーチを務めることになったんです」

当時、天野監督はオフェンススキルを専門に指導できる人材を探していた。そこで、類いまれな運動能力から〝伝説のＲＢ〟と言われ、駒場学園、日本体育大学を経て、社会人クラブチームのアサヒビールシルバースターでは天野監督の後輩として活躍していた東松氏に声を掛け、佼成学園に招いた。

「その東松先生がコーチになってすぐ、僕らの練習を見ているだけでなく、オフェンスチームに加わったことがありました。プレーが始まり、クオーターバック（ＱＢ）からボールを受け取った東松先生は、ディフェンスのギャップ（穴）を衝いてスーッと抜けていってしまったんです。私はディフェンスチームにいて、タックルで止めに行ったんですが、体に触れることさえできませんでした。体のキレ、ステップの巧みさ、ブロックやタックルに来る相手の体勢や重心の位置を見抜く目。すべてにおいてプレーの次元が違う。これがトップレベルのＲＢかと、衝撃を受けました」

そう感じたのは小林監督だけではなかった。練習に参加していた部員たちは全員、東松氏が見せたパフォーマンスに目を丸くした。

「東松先生は部員たちが練習に臨む姿を見て、モチベーションに欠けていること、アメリカンフットボールを好きになりきれていないことを感じ取ったのではないでしょうか。それを覆すために、自らが見本となって関心を引こうとされたのだと思います」

人が、あるスポーツを好きになる、あるいはその競技の選手に憧れるとき、そこにはきっかけとなる感動がある。それは、トップ選手が想像を超えたプレーを見せたり、それが劇的な勝利に結びついたりする瞬間に生まれる。東松氏は、それをロータスの部員に対して実践して見せた。アメリカンフットボールに一途に打ち込めば、この域にまで達することができると。

顧問としてチームを指揮する天野氏に加え、率先して選手に範を示す東松氏がコーチになったことで、チーム内の空気は変わった。部員のアメリカンフットボールに対する興味はますます高まり、向上意欲が生まれた。小林監督をはじめ、多くの選手が競技に夢中になり、「東松先生のコーチングを受ければ、レベルアップができる」と思えたと言う。

東松氏がチームにもたらしたのは、それだけではない。運動部の指導者にありがちな上から目線の指導はせず、部員の意見を聞き、自ら練習に向かわせようとする姿勢を取った。ポジションごとに役割をまっとうするアサイメントの重要性や、それを覚えて実践することの面白さも教えた。そうしたコーチングとチームづくりをして一年後に迎えたのが、ロータスが突如として強さを発揮した一九八六年春のシーズンだった。

部員たちは自らの成長を実感し、強豪の大学付属校と対峙してもおじけづかなくなった。部員数が少ないため、主力はオフェンスとディフェンスの両方に出続けなければならなかったが、運動能力の高い選手がそろっていたことで、そのハンデも克服できた。それが、春季関東大会での準優勝に結びついたのだった。

「実践的な指導を受けられるようになってから、プレーする楽しさや喜びが感じられるようになりました。何より、関東大会の決勝まで行けたという成功体験を得られたことも大きかったです。その頃には野球に対する未練もなくなり、日本一を狙える大学でアメリカンフットボールを続けることにしたんです」

その小林監督が進学した先が日本大学だった。日大フェニックスは大学アメリカンフットボールの東の雄だ。全国から有力選手が集まり、部員数は百人を超える大所帯。当然、部内の競争は激しいが、ここでも小林監督は一年時から試合出場を果たす。ＲＢとしてずば抜けたセンスを持っていたからだ。そしてレギュラーとしてプレーした二年、三年、四年時にはチームが甲子園ボウルで優勝。三年連続大学日本一という功績に貢献した。三年、四年時はＭＶＰにも輝いている。現在までに七十四回を数える歴史ある甲子園ボウルで、二年連続でＭＶＰを獲得した選手は小林監督ただ一人である。

当時の小林監督のプレーを、高校・大学と同じチームで見てきた関氏はこう語る。

「今でこそガッシリとした体型ですが、大学時代は六十キロ前後しかなかったはずです。ただ、その分、瞬間的なスピードや体のキレ、ボディバランスは目を見張るものがありました。また、相手のギャップを見抜く感覚にも秀でていましたね。それと、私が一番買っていたのは、大事な場面での勝負強さです。ここで大きくゲイン（前進）すれば優位に立てる、という場面では必ずビッグプレーをする。頼れるＲＢでしたし、〝持っている男〟でした」

日大三連覇に貢献したＲＢを、アメリカンフットボール界が放っておくはずがない。社会人リーグ（現Ｘリーグ）の数チームから入団の誘いを受けた。そのなかから小林監督はシルバースターを選んだ。

小林監督が日大を卒業する前年から、シルバースターにはアサヒビールがスポンサーについたが、支援はクラブの運営費だけで、ほとんどの選手はほかに仕事を持ち、自らの生活を成り立たせたうえでアメリカンフットボールを楽しむためにプレーしている。

「私はもともと教員志望だったんです。人と向き合うことが好きですし、若い子たちと喜怒哀楽を共にできる先生になりたいと思っていました。その一方で、好きなアメリカンフットボールも続けたかった。それを両立させることができるチームがシルバースターでした」

卒業後は母校の佼成学園に非常勤の体育教師として採用され、ロータスのコーチになった。小林監督にアメリカンフットボールの魅力を教えた恩師・東松氏に続いたのだ。

「シルバースターでプレーできたのは本当に良かったと思っています。仕事とクラブを両立させるのは大変なことでしたが、ほかのメンバーもみんな同様の思いをして頑張っていました。好きなことだから苦労も厭《いと》わないという共通の意識が結びつきを強めますし、人を思いやることもできる。謙虚にもなれるんです。アメリカのようにプロがない日本は、どんなにアメリカンフットボールの技量が高くても、それで生計を成り立たせることはできません」

仕事と選手業の両立を経験し、苦労を味わった小林監督。その経験をもとに、部員たちに伝えている言葉がある。

「でも、エース級の選手は勘違いすることが多いんです。だから部員たちにはよく言うんですが、アメリカンフットボールがどんなに上手くても社会では通用しないから、それよりも社会に出て立派に生きていけるように自分を磨くことを優先しろ、と」

選手業と監督業の二足のわらじ

小林監督は一九九四年、佼成学園に正式に教諭として採用され、同時にロータスの監督に就任した。指導者兼現役選手、二足のわらじを履く生活が始まった。

シルバースターは一九九三年、一九九四年とライスボウルを連覇しているが、小林監督はＲＢとして、その優勝に貢献した。日本一に輝いた現役のＲＢが、ロータスの監督として指導を任されたのだ。

運動部の強化に励む私立高校では、その競技で実績を残した人物を指導者として招くことがよくある。経験に培われた手腕に部を託そうというわけだ。なかには、高待遇で迎える代わりに、全国大会へ出場して日本一を争うまでに、部を指導・成長させることが求められ、達成できなければ解任という厳しいケースもある。だが、小林監督の就任にそうした意味合いはなかった。

「日大でプレーをしていたときも、佼成学園にはＯＢとして指導に来ていましたし、非常勤講師になって三年間はヘッドコーチを務めました。教諭として正式採用されたことを機に監督になりましたが、進学校で受験のことも考えなければなりませんし、それまでの戦績から見ても、とても強豪校と対等に戦えるチームになるとは思えなかったんです。定年までの四十年間で、『メンバーに恵まれれば、一度くらいはクリスマスボウルに行くチャンスが訪れるかな』という感覚でした」

それでも、指導を任された以上は部を強化して部員たちに勝つ喜びを味わわせてあげたかった。そこから、小林監督の過酷な日々が始まった。

毎朝六時に起床し、七時過ぎに出勤。授業や教師の仕事を午後四時過ぎまでこなした後、練習グラウンドに移動し、午後七時までロータスの指導に当たった。

それからシルバースターの練習場がある川崎まで車を走らせ、日本一のチームの厳しい練習に参加した。練習が終わるのは午後十時半頃で、ストレッチをしてシャワーを浴び、ようやく食事を摂る。帰宅時刻は午前零時を回った。睡眠は五時間足らずで、心身共に酷使しながら、満足な休息も取れない日々を過ごした。

「シルバースターはクラブチームですから、メンバーは昼間に各自の仕事をちゃんとこなしたうえで練習に来ていました。弱音を吐く人などいませんでしたね。大変そうにするのは、むしろカッコ悪いという感じでした」

過酷な日々のなかで、ロータスの指導にも全力を注いだ。強くなれば、部は周囲に注目される。注目されれば、部員も増えてさらに強いチームになる。そう信じる一心で指導に当たった。

しかし、弱小だったロータスに自ら希望して入部する部員は相変わらず少なかった。天野監督が小林監督を誘ったように、小林監督自らが部員確保のために生徒を勧誘していた。説得に応じて入部してくる部員もいるが、多くはアメリカンフットボールの面白さどころか、ルールさえ知らない。小林監督が入部したことで、ロータスは関東大会準優勝などの好成績を残せたものの、アメリカンフットボール部への関心が校内外で増したわけではなく、依然として人が集まらない状況は続いていたのだ。

退部を引き留められなかったことへの無念さ

小林監督がロータスの指揮を執るようになった一九九四年の部員数は、三学年合わせて三十四人だった。それ以降は、二十九人、十九人、二十八人、二十九人と推移している。オフェンスチーム十一人、ディフェンスチーム十一人と考えると、試合には最低でも二十二人の選手が必要だ。交替要員の余裕はなく、レギュラーが出ずっぱり、状況によっては攻守両方に出場する選手がいるというギリギリの状態だった。

　部員数が二十七人だった一九九五年にキャプテンを務め、卒業後は明治大学「グリフィンズ」で活躍した魚崎亮介《うおざきりょうすけ》氏が当時を振り返る。

「大学付属の強豪校は部員が六十人以上いるんです。こっちは戦力が限られていますから、試合も後半になると体力的にきつくなる。相手は、どんどんフレッシュな選手を出してくる。『ハンデあり過ぎだよ』と思ってプレーしていました。ただ、僕らの代は三年生が十五人いたから、まだ良かった。二年以上練習を積んで、スキルもフィジカルも一定のレベルに達した選手がそろっていましたし、少ない人数でも十分戦えるところを見せてやろうという意地もあった。また、強敵にひと泡吹かせるためには、戦術で対抗するしかないとアサイメントを研究しました。それで秋季都大会では過去最高の三位になり、関東大会に出場することができたんです」

しかし、この次の代はつらさを味わった。この代のキャプテンを務め、関西学院大学「ファイターズ」で活躍した岡村幸太郎《おかむらこうたろう》氏が語る。

「部員が少ないというハンデにもかかわらず、意地を見せて関東大会出場を果たした三年生十五人が、卒業してごそっと抜けたわけです。その関東大会には二年生だった僕らも出場し、高いレベルで試合をする喜びを感じたんですが、三年生になってチームを引っ張る立場になると、その実績が重荷になったんです。僕らの代は七人しかおらず、試合は二年生と一年生に頼らざるを得ない。先輩たちが築いた関東大会出場の実績を継続できるかどうか、不安で頭がいっぱいになりました。純粋にアメリカンフットボールを楽しめなくなり、練習に対するモチベーションも下がってしまいました。それで、春季大会で敗れた試合の直後に五人が退部してしまったんです。残った三年生は二人。僕はそれでもアメリカンフットボールをやめたくなかったし、ＱＢだったこともあって残りましたが、こんな状態ではやはり好結果は残せませんでした」

小林監督は、部を去ろうとする部員を翻意させようと懸命に話に耳を傾けた。

「この代は皆、アメリカンフットボールが大好きだったし、練習も真面目にやる子たちだったので、退部したいと言ってきたときはショックでした。でも、真面目さゆえに、最上級生としての責任に押しつぶされてしまったようで、翻意はかなわなかった。このときは高校生の心理の難しさを改めて考えさせられました」

代によって人数差があること、好成績を残した先輩たちの功績に続くことが、残されたメンバーのプレッシャーになることは、どのチームにも生じ得ることだろう。あるいは、この代は先輩や後輩と比べて人数が少なかったため、「自分たちの代で勝つことはできないし、きっと期待もされていない」と、卑下してしまったのかもしれない。思春期の高校生が集まる部活の場では、指導者や仲間からはわからないところで、心を摩耗させてしまう部員がいることもあるから難しい。ただでさえ、ギリギリの状態で戦っていた当時のロータスのメンバーにとっては、そうしたプレッシャーは重過ぎたようだ。

「退部者が出ることは、試合に負けることの何倍も心苦しい」。そう考えている小林監督にとって、このことは忘れられない教訓となった。

もともと上から抑えつけて引っ張っていこうとする体育会的指導は肌に合わなかっ

たし、部員一人ひとりを尊重するため、同じ目線での指導を心掛けてきた。それでも、監督就任当初は部員が集まらず、就任三年目には、その苦労を知っていたはずの三年生が退部するというショックを味わった。

「勝利を義務づけられていたわけではありませんが、どこかに結果を性急に求める意識があったのかもしれません」と振り返る。

それからは、いままで以上に時間を掛けてでも、部員にアメリカンフットボールを好きになってもらえるよう働き掛け、熱心に勧誘することを続けた。その甲斐もあって、一時は部員数が一九人になるどん底を味わったが、低迷が続くことはなく、二年後の一九九八年には再び秋季都大会で三位になり、関東大会に出場した。部員数も二〇〇〇年からは三〇人を超えるようになった。アメリカンフットボールではまだまだ十分な選手数とはいえないが、少しずつハンデを感じずに戦える体制が整ってきた。翌年の二〇〇一年にも、秋季関東大会への出場を果たしている。部員が少なくても、この成績を収められたのは小林監督の確かな指導力を示している。

“気持ちよく”物事に徹する姿勢の追究

本来、スポーツを楽しみながら自主性や協調性を育む部活動で、必要以上のプレッシャーを感じたり、モチベーションの低下を理由に好きだったことを続けられなくなったりするのは、生徒にとって良いことではない。一九九六年に、予想外の退部者を出す出来事を経験してから、小林監督は部員をサポートする指導をいっそう意識し始めた。もちろん、目標は試合に勝つことだが、部活動をする目的はあくまで人間教育だという考えを改めて重要視したのだ。

選手がアメリカンフットボールを純粋に追求し、プレーを楽しむこと。その指導方針に、間違いはないと確信していた。しかし、アメリカンフットボールが大好きだったはずの三年生が、それを続けられなくなった姿を見たとき、いま一歩深い人間教育に根ざした指導哲学が必要なのではないか、と小林監督は痛感させられた。

その答えは、小林監督自身の経験のなかにあった。

運動能力を買われて中学三年生の夏にロータスに入部した小林監督だったが、当時はアメリカンフットボールに興味もなく、モチベーションが上がらないまま練習を続けていた。そんななか、新任コーチの東松氏の実技指導によって競技の面白さを知り、のめり込むようになった。東松氏が見せたワンプレーによって、その後の人生を決定づけるまでに価値観が変わったのだ。大学、社会人とプレーを続け、日本のトップレベルの選手になっただけでなく、指導者になるまでアメリカンフットボールを追究し続けてこられたその原動力は何だったのか。自身の経験を振り返ったとき、ただ「好きになる」レベルではなく、「プレーをするのが楽しくて仕方がない」「常にアメリカンフットボールのことを考えていたい」と、競技に夢中になる域にまで思いが深まっていたことに、小林監督は気づいた。その感覚を、部員たちにも味わってもらいたい。それが指導者としての新たな課題となった。

　好きでたまらないアメリカンフットボールだったはずなのに、続けることをやめてしまった部員たち。監督としての自分が言葉を尽くして説得しても、思いが変わらないほどに心が折れてしまったのはなぜだったのか。

「ただ『好きだ』という思いだけでは、不都合なことに直面したときに、乗り越えるだけの力は生まれてこないんです。思い返せば、僕自身がアメリカンフットボールでさまざまな壁にぶつかったとき、困難を自分でクリアする方法をいつも考えていました。『どうしたら、もっと気持ちよくアメリカンフットボールができるだろうか』と考えているときは、苦しいことも苦しいと感じなくなるほど、アメリカンフットボールに夢中になれていた自分がいたんです。この体験がロータスの部員にも必要だろうと思いました」

ちょうどその頃、道徳の授業を受け持っていた小林監督は、「私の目標」と題したワークを生徒たちに課していた。生徒たちは〝気持ちよく○○する〟という目標を立て、達成したら生じる利点、達成しなかったらどんな不利益や欠点が生じるかを考え、実践する。そんな内容の授業をもとに、小林監督は、ロータスの部員にも同様のワークを課すことにした。

それからは、「今以上に気持ちよくアメリカンフットボールをするために何ができると思う?」と折に触れて部員たちに聞くようになった。背伸びした目標を掲げ、達成できずに悩んでいる部員には時間を掛けて寄り添った。そうして、少しずつ自ら立てた目標を達成して成長していく選手たち。アメリカンフットボールにさらに夢中になっていく選手たちの姿を見て、小林監督はこの指導の効果を実感した。

「『気持ちよく寝る』『気持ちよく起きる』『気持ちよく勉強する』……。〝気持ちよく〟という言葉がつくだけで、あたりまえに過ごしていた日常をどうしたらもっと効果的に過ごせるかを自分で考える癖がつくんです。ですから、アメリカンフットボールに向き合うことだけでなく、普段の学校生活のなかでも生徒にこのことを問うようにしています。何か一つ自分で考えてみたらわかると思いますが、これは相当大変な思考訓練なんです」

壁を乗り越えるための練習法

部員たちが主体的に目標を掲げ、それをクリアしていく指導法を取り入れたロータスだったが、それでも、壁にぶつかる部員が多くいたようだ。アメリカ発祥のスポーツだけあって、アメリカンフットボールにはスタイリッシュなイメージがあるものの、実際にプレーするとなると過酷な競技だからだろう。

最大の特徴はやはり激しい体のぶつかり合いだ。「防具をまとった格闘技」と形容されることもあるアメリカンフットボールでは、ヘルメットやショルダーパッドなどの防具を身に着けていても、相手と当たれば痛いし、けがもする。当たり負けしない体をつくるために大量の食事を摂ったり、きつい筋力トレーニングを積み重ねたりする必要がある。初心者が多い高校のアメリカンフットボール部では、そのつらさに音《ね》を上げて退部する者も多い。

「アメリカンフットボールを始めたばかりのとき、目の前に立ちふさがる壁があることは確かです。でも、そこで諦めるのはもったいない。そこを耐え、乗り越えることができれば、必ず夢中になれるスポーツなんです」

そう言い切る小林監督は、一年生が壁を越えるための練習法をロータスで編み出した。

一般的な高校アメリカンフットボール部では、一年生は相手との衝突に耐え得る体をつくるための基礎体力トレーニングに終始する。また、用具の準備や掃除といった雑用を担ったり、先輩のプレーを見学したりすることも多い。そのなかで、徐々に部活動に慣れていくわけだ。

ロータスの場合は、新学期が始まってすぐに一年生を練習に参加させるための二泊三日の校内合宿を行なう。ルールをはじめ、戦術やポジションの役割、練習の進め方などを教える、いわば部活のオリエンテーションだ。そして、その合宿を終えると、二年生、三年生とは別グループだが、さっそく実戦を想定した練習を始める。

事故防止のため、タックルやブロックといったコンタクトプレーはスレッターやダミーなどの用具を使った練習を繰り返すことから始める。練習を積み重ね、当たり方に問題がないと判断できた者から対人でのコンタクト練習に移る。レベル差は考慮するものの、一年生も上級生と同じ内容の練習に参加させるのがロータスの特徴である。正しい体の当て方をできない選手や、転倒を繰り返す選手は、練習から一時外されることもある。厳しいようだが、選手自身による〝自爆〟の事故や、相手選手を巻き込む事故につながらないように慎重に判断しなければならないからだ。だからこそ、一年時の早い段階から正しくスキルを習得することが重要なのである。

このほかにも、早期から練習に参加することで身につくスキルがある。例えば、アメリカンフットボールでは、正確に仲間にパスを出すために、ボールにスパイラルといって回転をかけて投げるスキルが必要なのだが、初心者は上手く回転をかけられないことが多い。またタックルやブロックも、スキルがないと相手に跳ね返されてしまう。

一年時の早期から練習を始めることで、ボールに回転をかけて正確にパスできるようになり、タックルやブロックの際に相手に当たっていくポイントや、体重のかけ方などを体得でき、早くからア

ダミーを使用し、安全に当たり方の技術を身につける

メリカンフットボールの本格的なプレーに臨めるようになる。日々、自分の成長が実感でき、部活が楽しくなっていくのだ。

探究心をかき立てて面白みを覚えさせる

プレーができるようになると肉体面のスキルだけでなく、戦術の面白さもわかってくる。最初の合宿では、アサイメントの基礎についても教わる。

アメリカンフットボールでは、攻撃チームであるオフェンスがボールを前進させてエンドゾーンまで運び、タッチダウンを目指す。防御チームのディフェンスはその前進を阻もうとする。単純なゲーム性に思えるし、横幅五三・三三ヤード（四八・七六メートル）もある広大なフィールドだから、相手の防御網をかいくぐってボールを前に運ぶのは容易に思えるが、立ちふさがる相手にぶつかりながら前進を試みるのはそうたやすいものではない。

そこで、相手のギャップ（穴）を衝くことが重要になる。

オフェンスはディフェンスラインのギャップを衝こうとする。もし、かいくぐれそうなギャップが見つからなければ、相手をブロックして道を切り開くことになる。

対するディフェンスは、ギャップをつくらないように防御網を張りながらも、同時に、オフェンス陣のギャップを衝き、司令塔であるクオーターバック（ＱＢ）にプレッシャーをかけたり、ボールキャリアのランニングバック（ＲＢ）を止めたりする。つまり、ギャップの衝き合いが攻防の鍵を握るのだ。

そこで戦術として欠かせないのが、全員が自分に割り当てられた役割を同時に果たすアサイメントである。ここでは、最もベーシックな「パワー（Power）」というプレー（次頁図）をもってアサイメントの具体例を紹介しよう。

現在の陣地を示すスクリメージライン上に置かれたボールを保持しているのがセンター（Ｃ）である。その後方に立つＱＢが、ボールを受け取る合図をした瞬間にプレーが始まる。すると、オフェンス陣は全員が線に示した動きに出る。

ボールを受けたＱＢは右後方にバックし、最後方にいたＲＢ１にボールを渡す。ボールキャリアになったＲＢ１は、ディフェンスラインの右側を駆け抜ける。オフェンスの選手たちは相手ディフェンスの動きを封じ、RB1が走り抜けるギャップをつくるわけだ。

一部説明すると、レフトガード（LG）はCとQBの間を通って右側にまわり込み、RB1にタックルしようとするB4をブロックする。反対側に控えるB3はタイトエンド（TE）がブロックし、RB1の進路を阻もうとするE2には、RB2が対応する。両翼にいるワイドレシーバー（WR）は、パスプレーと見せ掛けるおとり役に徹してコーナーバック（CB）を引きつける。

このようにオフェンス全員が自分に与

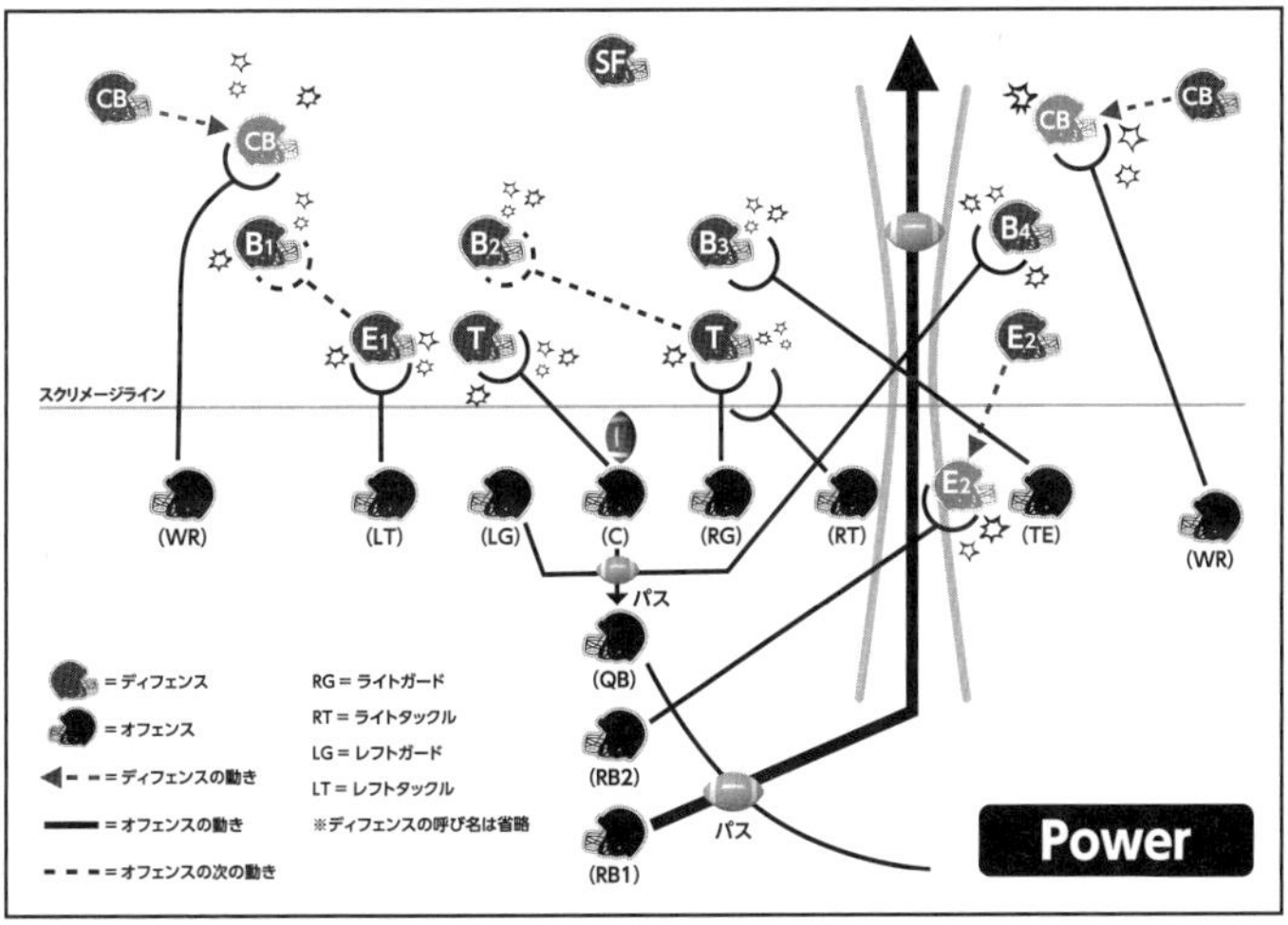

アサイメント「パワー（Power）」

えられた役割を同時に果たし、ＲＢ１の走路を確保して前進を図るのだ。

しかし、ディフェンス側にもそれに対応するアサイメントがあり、簡単に突破を許してはくれない。オフェンスがどんなアサイメントを採用し、ディフェンスはそれにどう対応するか。選手のフィジカルやスキルとは別に、このような戦術面での攻防があることも、アメリカンフットボールの大きな魅力なのである。囲碁や将棋にも通じるゲーム性があるのだ。

このアサイメントは、高校アメリカンフットボールでも通常数十種類が用意され、チームはあらかじめ決められた動きを正確に取れるように練習を重ねる。ここに、プレーを始める前のフォーメーションの変化も加わるため、高い知能と実行力が求められるのだ。

そしてロータスでは、このアサイメントを部員同士が議論しながら考えることもある。敵の動きを予測し、選手自らが戦略を立てるわけだ。ここでも、選手は主体性を発揮する場を与えられている。

このように、ロータスの一年生たちは部活を始めてすぐにアメリカンフットボールの奥深さを知り、探究心をかき立てられる。小林監督が指導を始めた頃は、アメリカンフットボールについての知識もなく入ってきた部員が大半だったため、小林監督が一から十までレクチャーしていたが、現在では部員たちの主体性に委ねてチームを成長させることが可能になったのだ。

もちろん、大学付属の強豪校に比べて部員が少なく、個々の運動能力でも見劣りしていた時期から、部員たちはその差を埋めるためにより多くのアサイメントを覚え、試合で使えるようにするための努力をしていた。大会での好成績にはつながらなかったものの、当時の部員がアメリカンフットボールを探究していたその文化が、いまのロータスに脈々と受け継がれているといえる。

学年を問わない大胆な実戦指導

団体で行なうボールゲームには例外なくポジションがあるが、アメリカンフットボールほど、その役割やスキルが明確に分かれている競技はない。役割がわかりやすいのは、ボールを前進させるプレーに直接関わる攻撃陣だろう。

司令塔であるクオーターバック（ＱＢ）はプレーを始めるコールを発し、センター（Ｃ）から受け取ったボールをランニングバック（ＲＢ）に渡したり、ワイドレシーバー（ＷＲ）にパスしたり、ときには自ら走って前進を図ることもある。ＲＢが主にボールキャリアとなり、相手守備陣のギャップを走り抜ける役目、ＷＲは相手のマークをかわして、ＱＢからのパスをキャッチする役目を担う。

それとは対照的に、ボールが置かれるスクリメージラインで対峙するラインの選手の役割は地味だ。体を張って相手を止めるのが主な役目。ボールゲームというより格闘技をしているようなものだ。

ディフェンスラインの選手は、ボールキャリアがボールを落下させてしまうことを狙う「ファンブル」や、パスされたボールをカットする「パスインターセプト」を狙うなど、ボールに関与するプレーもあるが、オフェンスラインの選手はボールに触ることはほとんどない。そもそもＱＢやＲＢのプレーは自分の背後で行なわれており、見ることもできないのだ。

このように、アメリカンフットボールはポジションによって役割もスキルも大きく異なる。それゆえに、部員たちを適材適所のポジションに据えることは重要なことであり、また難しい判断でもある。

先述したように、創部からしばらくの間は、ロータスではチームを編成するのがやっとの状態だった。部員が三十人に満たないときには、一人の部員がオフェンスチームにもディフェンスチームにも出続けなければならない余裕のない状態だ。ポジションの割り振りも、選手の希望を優先することなどできるはずもなく、少ない部員のなかから小林監督の采配で適所にかろうじて人が割り振られていた。

だが、現在のロータスでは、選手は希望どおりのポジションに就くことができているという。そこにも、主体性を発揮させるための工夫がある。

ポジションを決めるとき、特に部活を始めたばかりの一年生は自分に適任のポジションがどこかなど理解できない場合が多く、一つのハードルとなる。

ところで一年生は、どのようにしてポジションの希望を決定するのか。ここにも部活動の限られた時間のなかで最大限の効果を生み出すロータス流の訓練法があると小林監督は言う。

「まずオフェンスチームに入って練習してもらうことから始めます。どのようにしたらボールを前進させることができるのか、実際にプレーしてみることでアサイメントの重要性も含め、ゲームの原理原則がわかってくるからです」

競技を好きになるためには、まずルールの理解が欠かせない。しかし、初心者が多く入部してくるロータスでは、初めから言葉でいくら説き示しても、その面白さまでは伝わらないことは容易に想像がつく。百聞は一見にしかず。ロータスが一年生にも実戦を通して体験させるのは、誰にとってもそれが一番効果的であることを、身をもってわかっているからなのだろう。

「オフェンスを知ることで、ディフェンスの動きやその役割も理解できるようになりますから、ディフェンスにもチャレンジさせます。そのようにして、さまざまなポジションを体験するうちに、やってみたいポジションや自分に向いていそうなポジションが見つかるわけです」

実戦経験を経たあとのポジション選択は基本的に部員本人に任せている。ここでも、

〝このポジションでプレーしたい〟という自主性から生まれてくるモチベーションを大切に考えているからだ。

希望が偏ったり、明らかに適性を欠いたポジションを希望したりする人が出てこないのかと思うのだが、足の速さに自信がある選手はＲＢやＷＲ、最後尾で守るセイフティ（ＳＦ）などを希望するし、体が大きい選手はラインを選ぶというように、大体ポジションに合った選択に収まるという。最初から実戦を通して体験することで、自分に向いているポジションを適切に、納得づくで選択することが可能になっているのかもしれない。

それでも、一つのポジションに多数の選手が就くことは望ましくないはずだ。何人かは希望がかなわない選手も出てくるような気もするが、小林監督はこう考えている。

「『やりたいこと』と『できること』は違います。実戦を経験すると、一年生でもそのことが肌感覚でわかるんです。やりたいと思っていたポジションがあっても、ほかの部員のほうがそのポジションに適任であることなどが実戦を通して理解できると、自分がチームに貢献できるポジションを自ら考えて希望してきます。多くの部員が、何よりも試合に出ることを第一目標に考えますから、決して不本意ではなく、希望のポジションに就けるんです」

どうしたら〝気持ちよく〟アメリカンフットボールができるか。それを考えるための主体的な判断の場は、このポジション選びからも始まっているということだろう。

ただ、ロータスの成績が上がってきた頃からは、いくつかのポジションにおいて希望するための一定の基準を設けたと小林監督は話す。

「アメリカンフットボールの練習には四十ヤード走というものがあります。メートルに換算すると約三六・六メートルです。この短い距離をスタートのダッシュ力を含めていかに速く走り切るかが、選手の走力を測る目安になります。現在、ロータスでは四秒台を出すことがＲＢやＷＲになるための条件になっています。このポジションを希望する部員は五秒を切るタイムを出せるように日々努力しています」

教え、教えられる相互関係の構築

こうした厳しい基準があるにせよ、一年生は全員、ほぼ希望するポジションに就く。そして彼らを指導するのが先輩なのだ。そこで、ロータスでは三年生と二年生が自分と同じポジションを選んだ後輩の指導をするようにした。これはロータスの部員たちの間にごく自然に生まれ、継続されてきた文化だが、小林監督はこの美風をさらに活かすことを考えた。自分のポジションに必要なスキルやアサイメントを身につけた上級生を指導役に指定し、同じポジションの一年生を一対一で教えることを部の決まり事にしたのだ。

「指導役になるのは実力が認められた証であり、その部員にとっては名誉なことなのですが、同時に責任も生じます。プレーには危険が伴いますし、間違いを教えてはいけないですから」

小林監督は、後輩を指導する立場になった選手が、いままで以上に技術への理解を深めて追求しようとすることに大きな成長の機会があると確信している。

「選手は、改めてポジションの役割や身につけたスキルについて考え直し、何が正しいのかを探究します。それだけでなく、練習や試合では良い手本にならなければなりません。指導役を務めることによって、その部員自身のプレーに対する意識を高めることができるんです」

　部員同士の一対一の指導は、人とのコミュニケーションを学ぶ機会にもなる。一年生の多くは、アメリカンフットボールのルールや用語もあまり知らない初心者だ。そんな相手に技術を的確に伝え、納得させるのは簡単なことではない。どんな言葉を使い、何をどう表現したらわ

教える側と教わる側が共に成長を図れる一対一の指導

かってもらえるのか。それを考え、伝える努力を重ねることは意思疎通を図るうえでいい勉強になるし、教える側にも相当な訓練になる。

教えられる側の一年生にとっても、この指導システムはうれしいだろう。一年生はロータスの評判を知ったうえで入部したはずだが、それでも、「先輩は怖くないだろうか」「練習についていけるだろうか」という不安は尽きない。

しかし、上級生たちは先輩風を吹かすこともなく気さくに声を掛けてきて、指導までしてくれるのだ。このような形で部活をスタートするせいか、ロータスには上級生と下級生を隔てる壁は感じられない。

学校の運動部といえば、思い浮かぶのが「体育会系」と呼ばれる厳しい上下関係だ。強化に熱心な学校では、過度な練習を強いる、いわゆる「スパルタ練習」が加わる。時には、監督の感情のはけ口にされ、理不尽な仕打ちを受けるといったことも珍しくはないだろう。だが、ロータスの部活には、どちらの要素もまったく見当たらない。

一般的な体育会系の部活は、三年生を頂点とした縦社会であり、最下層の一年生は部独特の約束事を守ることを強制される。例を挙げれば、練習用具の準備、グラウンド整備、部室の掃除などは一年生の役目だ。上級生に対する厳密なあいさつの仕方があったり、部活中は私語厳禁といった決まりがあったりもする。上級生の機嫌を損ねでもしたら、シゴキを受けることもある。いまは昔のようなあからさまな体育会系気質を持つ部は減っているといわれるが、伝統を重んじる強豪校などには、いまだその傾向は残っているようだ。

　ロータスの場合も、上級生がプレーに専念できるように基本的に練習用具の準備は一年生が行なう。二年生は責任者となってそれを指導する。ただ、一般的な部活との違いは、入部直後、春の関東大会がある五月半ばまでの間、一年生は練習に慣れることを最優先にするため、仕事が免除されることだ。

　部活動は基本、三年間という期間限定のものだ。上級生に最後の大会で有終の美を飾ってもらい、下級生はそれを下支えする。それが、多くの部活動が目指す姿ではないかと思う。一年生のときから実戦的な練習をさせることまではあっても、一年生が練習に慣れるまで、先輩が雑務をフォローするというのはあまり聞いたことがない。

　このように徹底して上級生と下級生のつながりを大切にするロータスでは、上級生と一年生の間には指導を通しての密接な人間関係が築かれているから、必要以上に互いが気を使うこともなく、ましてやシゴキが行なわれることなど考えられないのだ。

「不都合」を逆手に取る

これまで述べてきたように、こうした風通しの良い文化を築いてきたロータスでは、部員たちはアメリカンフットボールを楽しみながら、チームとして強くなっていく。

ただ、旧来のスパルタ的な指導や官僚的な組織体制が敷かれていないにしても、日本一に三年連続で輝くチームの練習は、相当ハードなものなのではないかと思うだろう。しかし、ロータスの練習時間は決して多くはない。

一週間のうち、グラウンドで実戦を想定した練習をするのは火曜、木曜、土曜、日曜（大会シーズン中の試合日を除く）の四日。月曜と水曜はアサイメントの習得を含めたミーティング、体幹を主とするトレーニングに充てられる。金曜は休息日となっている。また、中間・期末の試験期間は勉強のために、試験日の一週間前から練習は休みになる。

「進学校ですから、勉強もおろそかにできないんです。でも、それを言い訳にはしたくない。ならば、練習を工夫しようと。限られた時間でも、練習の合理化を徹底すればチームを強くすることはできると考えたんです」と小林監督は言い切る。

例えば、延々と続くランニングは行なわない。

「確かにフィジカルの強化にはなると思いますが、その間、競技に必要なスキルは身につきません。で、スキルの練習は別に時間を設けて行なうことになる。そんなふうに練習時間がどんどん増えていくわけです。でも、フィジカル強化とスキルの練習を同時にやれば、短時間で済むじゃないですか」

ロータスは、基本練習の徹底と実戦を想定した練習に大半の時間を使う。オフェンス十一人、ディフェンス十一人が対峙し、数多くのアサイメントを繰り返し行ない、使えるようにしていくのだ。このとき、選手たちは全力で走り、ぶつかり合う。ちなみに、フィールドへ出入りする際も、全力疾走で移動する。これを続けるのだから、スキルの習得とフィジカル強化が同時になせるというわけだ。

　また、長時間の練習を課す部活では、練習を見ているだけの部員が結構いるものだ。一年生は練習に参加させてもらえず、声出しだけをしたり、上級生が実戦的なスキル練習を行なっている間、大勢がそれを見ていたり、ということが多い。ロータスの場合は、レベル別に二つのステージに分け、同時進行で実戦（試合）形式の練習を行なう。見ているだけの部員はおらず、常に全員が練習している状態にあるわけだ。

　実戦的な練習を行なう火曜と木曜の練習時間は、放課後の午後四時過ぎから午後七時。与えられているのは三時間足ら

実戦練習で技術力と体力を共に高める

ずだが、この限られた時間を有効に使い切ることで、スキルもフィジカルも十分に鍛えられるのだ。

小林監督にはもう一つ、欠かさず意識していることがある。

「私は、練習量を過度に増やすことは、指導者の自己満足だと思っています。練習していないと、不安になってしまうんですよ。気持ちはわかりますが、それは選手にとっては決していいことではありません。ロータスでは、部員たちのモチベーションを適度に維持できるように、余力が残っているところで練習を終えるようにしています」

これは部員の練習に対するモチベーションを上げることと、けがの防止を考えての工夫だ。

「執拗《しつよう》なまでに練習を強いられる部活の部員たちは、練習から逃げたいという意識がどこかにあるはずです。しんどくてつらいですから。強豪校の場合は、それを承知で入ってくる者が多いから耐えますが、うちは進学校です。もちろん、限界を超える練習をしないと能力は伸びませんから、厳しいメニューになることもあります。ただ、高校生を精神的に追い詰めてまで強くしようとは思いません。心が折れたり、体が壊れたりしたら、アメリカンフットボールができなくなってしまいます。大事なのは、継続できることです。だからロータスでは、『もう少し練習したいな』と思うくらいのところであえて終える。それが、練習に対するモチベーションを高く維持することにつながりますからね」

全力投球で日々の練習に打ち込むことも重要だが、逃げ出したくなったり、身体を壊したりするようでは本末転倒だ。燃焼し切らず、くすぶる火種を上手に残すことも、継続的な向上を図るうえでは欠かせない〝ゆとり〟となるのだ。

この効果は、部員たちの練習終了後の過ごし方にも表われている。ストレッチをし、用具の片づけなどをすれば帰っていいのだが、全員がグラウンドを去り難いという感じで、ボールを投げ合ったり、体の当て方を試したりしながら談笑している。その姿はアメリカンフットボールが好きでたまらない少年たちが、ボールを使って遊んでいる感じだ。

「ボール遊びは楽しいですよね。楽しいから何も言われなくても遊び始めるし、止められても遊び続けたいと思う。それと同じですよ」

部員に話を聞くと、口々に「部活は楽しいです」「いつもアメリカンフットボールのことを考えています」と語る。こちらをまっすぐに見て力強く語るのだから、この言葉に嘘《うそ》はない。

チームの明暗を分けた一戦

小林監督がロータスの監督に就任してから十年。合理的な練習方法を追求し、結果も出始めてきた二〇〇四年の春に、小林監督は選手で八年間、コーチとして五年間在籍したシルバースターをやめた。ここから、ロータスの指導に専従する生活が始まった。

機を同じくして、ロータスの成績は上昇の軌道に乗り始めた。現役選手と監督の二足のわらじで編み出した指導法、そしてそれまで地道に取り組んできた「アメリカンフットボールを好きになってもらうことが部員の向上意欲を促す」という信念が実を結んできたと言っていいだろう。

また、強化につながる環境が整ってきたこともある。〝ロータスに入れば、選手としても人間としても成長できる〟という評判が校内外に広がった。ロータスを卒業したOBがクラブチームなどに入ると、ロータスのチームの良さを知ったクラブチームのほかの選手が「息子をロータスに入れたい」と訪ねてきてくれることもあったという。アメリカンフットボール愛好家たちがつくるSNSのコミュニティなどでも評判になり、部員数は次第に増えていった。

ここに至るまでの過程で、一九九九年にはそれまで一緒に練習を行なっていた中学と高校の部を分けた。中学の部の監督には、小林監督の恩師にあたる東松氏が就任した。タックルの代わりに腰に着けた旗を取る「フラッグフットボール」で、より安全に配慮したアメリカンフットボールを経験し、プレーする楽しさを知った部員の多くが、小林監督のもとに進級してくる。トップレベルのスキルを持つ東松氏の指導下で、基本を身につけている生徒が入部することは、大きなアドバンテージになった。

二〇〇五年には、アメリカンフットボール部が学校から強化指定の部として認められた。

「強化指定になったといっても、大幅に活動予算が増えたわけでもありませんし、これまでどおり、勝利を義務づけられるようなこともありませんでした。ただ、強化指定の部になったことで、部員たちの意識は変わったと思います」と小林監督は振り返る。

事実、この年の春季関東大会で準優勝、二年後の二〇〇七年には春季関東大会で初優勝、各校が力を入れて臨む秋季関東大会でも準優勝の好成績を収めることができた。

だが、小林監督はこれを成果とはとらえられず、むしろ悔しい結果に感じていたと言う。

「このシーズン、関東で一番の強敵は早稲田大学高等学院だと思っていました。うちはその早大学院を破って、春の都大会を制しました。その後の関東大会では、慶應義塾高校にも勝って優勝することができました。アメリカンフットボールのシーズンは秋ですから、三年生にとっては最後の大会であるクリスマスボウルにつながる秋季関東大会に向けて、どのチームも強化に努めます。ですから、春の結果はあまり参考にはならないんですが、決勝に残ったのはうちと早大学院だったんです。このとき、エー

ＳＱＢが負傷で欠場していたのですが、うちには春に勝ったという自信がありましたから、勝つチャンスは十分にあると思っていました。僅差で競《せ》るいい試合ができたのですが、最後は負けてしまいました」

この敗戦によって、早大学院にその後十年は追いつくことができなかったと小林監督は語る。

「早大学院はその優勝によってクリスマスボウルへ出場しました。悔しいのは、それをきっかけに早大学院が黄金期を迎えたことです」

一つの勝敗によってチームのその後の明暗が分かれることがある。どんな大会でも、優勝チームと準優勝チームとでは大きな差だ。優勝チームは喝采を浴び、注目される。「優勝したあのチームでプレーしたい」と才能ある選手が集まるようになり、周囲のバックアップ体制なども含めて好循環が起こる。ロータスはわずかに実力が及ばず、その流れを摑み損ねたのだ。その悔しさは長く尾を引くものだったと小林監督は言う。

「勝ち切れなかった自分たちが悪いんだから、受け入れるしかないんですけどね。でも、もしあのときに勝っていれば、そのあとに何度も悔しい思いをしなくて済んだのでは、という思いはありました」

些《さ》細《さい》なことがその後のチームの明暗を分けてしまうのも、スポーツの要素であり、醍《だい》醐《ご》味《み》でもある。

合理的な厳しさで秩序を保つ評価システムの導入

ところで、これまで紹介してきたような小林監督の指導法や、体育会的な厳しさを排除した部活で果たして本当に強くなれるのか、と疑問に思う人も多いのではないだろうか。

実は筆者もその一人で、小林監督に話を聞いているときも、練習を見学したときも、驚くことばかりだった。都道府県大会や地方大会、その先にある全国大会で上位に勝ち進む強豪校の練習はほぼ例外なくハードだ。たとえ、体育会的要素はないという触れ込みの部であっても、指導者は絶対的な存在であり、練習の現場はピリピリとした緊張感に包まれている。少しでも緩んだ気配が漂えば怒鳴りつけたり、ミスをした部員には厳しい言葉を投げ掛けたりする指導者は少なくない。

繰り返し述べてきたように、小林監督は練習中も選手を叱咤するようなことはほとんどなく、冷静に部員たちの練習を見守っている、という感じなのだ。ある程度の厳しさがなければ、いくら部員に向上意欲があったとしても緩みは生まれるもの。体育会的部活を経験した人は、そう思うだろう。筆者もその疑問を感じながら取材を進めると、ほかの部活には見られない、ロータス独自の〝厳しさ〟の側面が見えてきた。

その一つが、部員の実力ランクの公表だ。練習時には、部室の前にホワイトボードが置かれる。そのボードの左端には、上から順に「START」「1st」「2nd」「JV(Junior Varsity)」とランク名が書かれており、それぞれのランクの右側には部員の名前を記したマグネットのカードが張られている。学年ごとに色分けされたマグネットシールが使われ、各選手のランクが一目瞭然でわかる仕組みになっている。

最上段の「START」は、試合で先発（スターター）として起用されるランクを示している。ここには、ロータスで採用されている数百に及ぶアサイメントを覚え、それを忠実に実行できる高いスキルを備えた各ポジションの実力最上位の選手が名を連ねる。

「1st」は実力的には同等だが、スターターを任せるまでの信頼感はなく、試合では交替出場するランク。「2nd」は、アサイメントはひととおり覚えているものの、プレーの質に課題が残るランク。いわゆる二軍である。大差で勝っているときなど、試合の展開次第では起用される。「JV」は、アサイメントの理解度やスキルにおいて発展途上の選手であり、基本的に試合に出場することはないルーキーたちを示す。

この実力ランクは固定されているわけではなく、日々、昇格と降格を繰り返しているという。その判定をするのは、小林監督とコーチ陣だ。

「練習はすべてビデオカメラで撮影しています。私はもちろんすぐに映像を確認しますが、コーチも各人が持つデジタル端末で選手のプレーをチェックします。そして話し合いのうえで、昇格・降格の判断を下します」

ランクの昇格・降格があるため、部員たちは気を抜くことなく、常にベストなプレーに努めることになる。興味深いのは、下級生と上級生が同等の評価と判断された場合、ロータスでは下級生が上位にランクされることだ。その意図を小林監督が語ってくれた。

「上級生であっても、緊張感を持って練習することは大事なことです。ですから、『上級生だから』という理由で無条件に起用することは考えません。評価が同じなら下級生を起用するというルールが、上級生には緊張感を与え、下級生には〝上級生に追いつけば起用してもらえる〟というモチベーションを与えることにつながっています。また、うちでは秋の都大会からは一年生も『1st』に起用することにしているので、『自分たちは一年生だから』という理由で、いつまでもビギナー意識でいることは許されない状況を

選手の実力ランクが一目で確認できるボード

つくっているんです」

結果、部内の競争意識が高まり、レベルアップが促されるようだ。

ちなみに、降格された選手には、小林監督が直接話しをする。そこで課題を指摘し、改善のアドバイスを行なうのだ。十分な対話が部員を納得させ、再昇格への意欲を芽生えさせ、努力させることにつながる。実力ランクの公表は、自然に部員の緩みを抑え、向上心も生む、つまり、すべてをプラスに作用させるロータス流の〝合理的厳しさ〟といえる。

ロータスがこの制度を取り入れたのは二〇一三年だ。前年にライスボウルで三連覇を達成した社会人チームオービックシーガルズ（Xリーグ所属）の大橋誠監督が、アメリカンフットボールチームの指導者向けに開いたクリニックに小林監督が出席したことがきっかけだった。

シーガルズでは、「チャンピオンシッププレーヤーズ」というリストを毎回の練習で発表し、「明日がライスボウルだったら、先発ローテーション入りする選手」として常に公表していた。その話を聞いた小林監督がロータスにも同じ手法を取り入れたのだ。ただ、シーガルズがスターティングメンバーだけを公表するのに対し、ロータスでは選手全員の現状のランクをボードに公表することにした。

ロータスなりのアレンジを加えた評価制度になったが、シーガルズと同じように、試合日の時点で「START」の位置に名前がある部員がそのまま起用されることになる。いずれにしても、実力ランクの公表は、試合での選手起用に透明性があることも意味しているのだ。単純明快な評価制度であるため、部員全員が納得し、一丸となって試合に臨むことができる。

どの競技でも強豪校は部員数が多く、一軍、二軍のランク分けがあるものだが、それは常に監督の頭のなかにあり、部員たちは出場メンバーが発表されるのをドキドキしながら待つことになる。この場合、監督の決定には逆らえず、メンバーに選ばれなかった部員のなかには不満を持つ者もいるだろう。大抵は受け入れるしかない。だが、実力ランクを事前に公表するロータスでは、公平性が保たれ、部員にこうしたモヤモヤが生まれることはなく、部員がすっきりとした気分で試合に臨める、画期的なシステムを採用している。

また、部員のスキルを評価して公表することは、選手だけでなく、チームを運営する側の監督やコーチ陣にも大きなメリットをもたらす。まず、公正な評価をするために、指導者たちは日ごろから部員一人ひとりに気を配ることになる。これだけでも、大勢の選手がいる集団のなかで、指導の手が回らずに埋もれてしまう選手を生むリスクを回避できるだろうし、スランプに陥りそうな選手の異変にも気づくことができる。

それだけでなく、基本的なスターティングメンバーはボードに記されているメンバーで決定できるため、試合のたびにチーム編成を一から考える時間も必要ない。その分、戦う相手に合わせた戦略や戦術を立てることに多くの時間を費やすことができ、最小限の時間で最大限のパフォーマンスをいつでも発揮できる。まさに、合理的な評価システムなのだ。

ただし、この評価制度を運用するのは簡単ではないと小林監督は言う。

「スポーツの指導者にとっては、チームを勝利に導くことは使命です。そこには、勝利を味わわせたいという選手への思いやりの気持ちがあるのですが、勝利に固執すると、勝つために選手を人として見れなくなってくることがあるんです。言葉は悪いのですが、選手を『盤上の駒』のように見てしまうんですね。この評価制度は、透明性があってメリットも多いのですが、選手も周囲も納得できる評価をし続けなければなりませんから、チーム内の信用や信頼関係があって初めて活きてくる制度かもしれません」

小林監督は、「チームは日々変わっていく生き物」だと考えている。選手だけでなく、チームを支える運営側の指導者を含め、一人ひとりの主体性が発揮されながら、チーム全体が生き物のように進化していくからだ。個々の選手の成長も大事だが、チームとしてのまとまりや意思疎通のようなものが土台になければ、大きな進化は遂げられない。

さまざまな出来事をきっかけに、まさに生き物のように進化してきたロータスだったが、ある出来事をきっかけに、公式戦五十二連勝の記録を打ち立てるほどの、さらなる急成長を遂げることになる。

第三章

〝連覇〟を掲げて常勝軍団へ

越えられない「秋季関東大会決勝戦」の壁

二〇〇九年には、学校から二キロほど離れた杉並区・大宮にある練習場「総合グラウンド」が全面人工芝になった。自主性を重んじる指導に、選手の心理に寄り添った厳しさがプラスされ、チームとしての良い文化が根づいてきたときの出来事だった。

練習環境が整備されたことで、いよいよロータスは強さを発揮するようになる。しかし、日本一を決めるクリスマスボウル出場権をかけた秋季関東大会決勝では、あと一歩のところで勝てない状態が続いた。

二〇一四年の秋季関東大会では、勝ち上がった決勝戦で早稲田大学高等学院と対峙《たいじ》した。二〇〇七年の決勝戦で互角の試合を見せ、惜敗した相手だ。しかし、ロータスはここでも勝ちきれない悔しさを味わうことになった。

第一クオーターにロータスがタッチダウンを奪い、七点先制。その後は守り合いが続き、第三クオーターと第四クオーターに早大学院がフィールドゴールを決めて六点。七対六となった。時間は過ぎていき、このまま守り切ればロータスの勝利だったが、残り時間一分四十八秒で逆転のタッチダウンを奪われ、七対十二で敗れてしまった。

このとき、チームの主将を務めた影山勉《べん》氏は「いまもあの逆転シーンが目に浮かぶことがあります」と悔しさをにじませる。

「あの逆転を許したのは、僕のせいだと思っています。タッチダウンを許したのは自分のプレーが甘かったからだし、それ以前にキャプテンとして、なぜ上手くタイムマネジメントができなかったのかと悔いが残っています」

キャプテンを筆頭に、チーム全体がこの一戦に苦い思いを抱えていた。なぜ勝てないのか。勝利のために打てる手は打ってきたと自負する小林監督も、さすがにこのときばかりは考え込んだという。それからしばらくの間、ロータスは自分たちがなぜ勝てないのかを考える期間を過ごした。しかし、決定的な原因を突き止めることはついにできなかった。

そんな姿を見て、二〇一六年に関孝英コーチが一つのスローガンを提案した。

「連覇」というキーワード

関氏が提案したスローガン、それは「連覇」だった。この言葉が、勝ちきれずに低迷しかけていたチームに大変化をもたらした。

それまでロータスは、春季関東大会での優勝経験はあるものの、クリスマスボウルにつながる肝心の秋季関東大会では一度も優勝していない。「連覇」とは、大会を制覇した者が目指す目標であり、勝ちきれていなかった当時のロータスにとっては、ふさわしくない目標だ。それでも、あえてスローガンにしたのは、関コーチの大学時代の経験があったからだった。

関コーチがそのいきさつを語ってくれた。

「一九八八年、私は日本大学フェニックスのキャプテンを務めました。その前年の日大は能力の高い選手がそろっていて、大学日本一はもちろん、ライスボウルにも勝てると思われていたのですが、甲子園ボウルで京都大学に負けてしまいました。そのあとの代のキャプテンを私が任されたんです」

有力選手がごそっと抜けたチームであり、冷静に考えて勝負にならない布陣だったという。とはいえ、日大は東の雄。そのプライドにかけてもチーム力を上げなければならなかった。

「そのためには下級生の力に頼るしかない。三年生と二年生、そして一年生も含めて、能力のある選手を引き上げ、戦力になってもらおうと考えました。そうはいっても自分たちの代が勝負を諦めるわけにはいかないですし、全体の底上げをする意味も込めて〝下級生から上級生まで全員で連覇を目指す〟ことをチームの目標にしたんです」

当時の日大の監督は篠竹幹夫《しのたけみきお》氏。篠竹監督は四十四年間の監督在任中、日大を十七回、学生王座に導いた名将だ。周囲を圧倒するようなカリスマ性があり、〝鬼の篠竹〟とも言われた指導者である。そんな篠竹監督が、学生の意見など到底聞いてくれないのではないか。そう聞くと、関コーチは笑ってこう答えた。

「それは外部の方々がつくったイメージですよ。実際の篠竹監督は、学生の自主性を重んじる指導者で、私の強化に対する考えも受け入れてくれました。確かに、フェニックスには体育会系気質はありました。でも、『連覇』という言葉で学年を超えて強くなろうという意識が生まれ、下級生は期待以上の成長をしてくれた。我々四年生もそれに刺激を受けて頑張り、甲子園ボウルだけでなく、ライスボウルも制覇することができたんです」

このときの日大フェニックスの二年生に、小林監督がいた。そしてその後の二シーズンも、日大は日本一になって三連覇を達成。関コーチが掲げたキーワード「連覇」は効果を発揮したのだ。

「戦力的に勝負にならないと思っていた当時の日大でさえ、チーム全体で『連覇』を目指すことで勝利できた。佼成学園は関東を制する力は十分あると見ていましたので、チーム全体で『連覇』を目指せば、勝利を阻む壁を突き破れる。そう思い、小林監督に提案したんです」

そして「連覇」をスローガンにした二〇一六年、ロータスは秋季関東大会で初の優勝を飾り、初出場を果たしたクリスマスボウルで関西学院高等部を下して日本一の栄冠を勝ち取った。

「連覇」というスローガンがロータスの部員たちにどう作用したのか。それを聞くと、発案者の関コーチも、受け入れた小林監督も「上手く言葉では説明できない」と笑う。

そこで、取材者の立場で効果を考えてみた。

小林監督の指導方針どおり、ロータスの部員たちはアメリカンフットボールを楽しむことを優先し、勝利することに過度に執着しないできた。しかし、関東大会の決勝ともなれば、どうしても勝利を強く意識しすぎてしまう。それが平常心を失わせ、いつもはできていたプレーをできなくさせたのだろう。

その状況下で、大学、社会人と高いレベルでプレーしていた小林監督や関コーチが、大真面目に「連覇」を言い出したわけだ。それが、〝自分たちにはすでに関東を制する実力がある〟という自信につながり、「初優勝」に対する過剰な意識を取り除いたのではないだろうか。

また、関コーチの日大キャプテン時代と同様、このキーワードは下級生部員の意識改革につながったはずだ。ロータスには、学年の枠を感じさせないフラットさがある一方、厳しい実力主義のチームという側面もある。下級生には、どこか上級生に対する遠慮もあったのではないか。だが、「連覇」という言葉によって、自分たちに「強さを引き継ぐ存在だ」という意識が生まれると、チームとして強くなるための競争が激しくなり、それがレベルアップにつながったのだろう。上級生にとってみれば、「自分たちの代が勝てればいい」という短期的な目標を描くわけにはいかなくなる。下級生も含めてチームが底上げされなければ、この目標は達成できないのだ。上級生も下級生も、いま目の前にある試合が「連覇」に関わる重大な試合だと認識し、平等にその責任を負っているといえる。実力評価制度と同様、これは厳しさを伴うものだが、勝ちに向けたチームの団結力は確固たるものとなり、チームを底上げする強力な原動力になったと筆者は見ている。

　そしてロータスは、二〇一七年、二〇一八年のクリスマスボウルも優勝し、初出場から三連覇の偉業を果たした。そればかりか、公式試合では、二〇一九年末のクリスマスボウルで立命館宇治高校に敗れるまでの五十二試合を勝ち続け、負け知らずの記録を更新した。都大会や関東大会の優勝トロフィーはいまもロータスが保持しており、文字どおり、「連覇」がロータスを支えるキーワードになったのだ。

チームを自立させるリーダー育成法

二〇一六年、ロータスはクリスマスボウルで関西学院高を破り、初の日本一の座に就いた。小林監督が部の指導を始めて二十三年目に、やっとたどり着いた栄冠だ。

どの競技でも日本一になるのは一チームだけであり、有力校がしのぎを削るなか、そこに到達するのは至難の業だ。悲願だった日本一の座に就いたときの心境について小林監督は、「長かったですね。長年の努力が報われて安堵《あんど》しました」と振り返る。

これだけの時間を費やしたのには、目立った実績がなかったがゆえに、有力校と対等に戦える部員数が集まらなかったこと、進学校である佼成学園では、部活動だけにすべてのエネルギーを注げないといった事情もあったことはすでに書いた。

それとは別に、一朝一夕にはつくり上げることができない〝強いチームに求められる良い文化〟を根づかせるのに時間がかかったともいえる。

ロータスに根づいた文化には、これまで紹介してきたように「部員がアメリカンフットボールを好きになること」「先輩が後輩にポジションの役割やスキルを教えること」

「実力ランクの公表による透明性のある評価制度」があるが、これだけではない。取材を重ねて見えてきたロータスの強さの秘密は、まだまだある。

その一つが、チームを自立させるリーダーの育成である。

キャプテンはリーダーシップがあることはもちろん、練習に対する姿勢も真面目で、ほかの部員の模範になることが望まれる。部内の出来事には細かな目配りができ、部員が問題を抱えていれば相談に乗って解決する方法を考えるし、緩みを感じれば叱咤《しった》もする。そして、試合で重大な局面を迎えたときも動じることなく、プレーする部員たちの気持ちの支えになる。その存在がチームの勝敗を左右するといってもいいほど、重要な役目を果たすのがキャプテンだ。

だからこそ、チームにとって新キャプテンを誰にするかは重大な決断となる。一般的な部活では、決めるのは大抵、三年生が引退して新チームがスタートするときだ。指導者が練習態度や人間性を見て指名することもあれば、引退する三年生が監督に推薦するケースや新チームを担う二年生と一年生の部員が相談して決めるケースもある。

だが、小林監督は「それでは遅い」と言う。

「一部員として自分のことだけを考えていればよかった者が、新チームになった途端、キャプテンとしてチーム全体を見なければならなくなるわけです。この役目をまっとうするのは、相当、大変なことです。キャプテンに選ばれる部員は実力的に秀でていたり、性格が真面目な者で、ほかの部員からはそれなりにリスペクトされていたりするはずですが、だからといってチームをまとめる能力があるとは限りません。信頼できる人間性や度胸、コミュニケーション力、人の気持ちを理解しようとする気配りなど、リーダーとしての総合力を備えていなければなりませんから」

　これらの能力はすぐに身につくものではなく、任されたからできるようになるものでもない。一年時からリーダーの経験を積ませて育成していかなければならないと、小林監督は考えている。

　現在、ロータスの三年生にはキャプテン一人、副キャプテン三人の計四人の幹部リーダーがいる。加えて、一、二年生にも同じく幹部と呼ばれているリーダーを四人ずつ据えている。この一、二年生の幹部八人は将来のキャプテン、副キャプテン候補としてリーダー修業をしているわけだ。

さらに、毎年夏になると二年生のなかからはポジションリーダーも選任される。オフェンスに五人、ディフェンスに三人の計八人が、ポジションリーダーとして各ポジションの指揮を担う。二年生が選出されるのは、リーダーとして必要な力を身につけるための指導を、三年生が現役でいるうちに受けさせるためである。

こうした、各学年の幹部とポジションリーダーの存在が、チームの情報共有に大きな役割を果たしている。

ロータスでは、全体の練習が終了したあと、全部員の前で三年生の幹部がチームの現状や目標などを語る。そして、最後に小林監督が、練習を見て気づいたことや部員が自信を持てるような前向きの発言をひと言、ふた言だけ語り、いったん終了となる。

そのあと、学年ごとに分かれ、各学年の幹部がその日の練習で気になったことを話す。さらにそののち、今度は各学年の幹部十二人が集まってミーティングが行なわれる。

学年によって、練習の内容や課題は微妙に異なるわけで、ここでは幹部同士で情報を共有するのだ。このとき、学年ごと、トラブルの芽が生じていないかも確認する。最後に、部の状況を把握したキャプテンをはじめとする三年生幹部が、その日の話し合いの内容を小林監督に報告するという。

ロータスはクリスマスボウル三連覇を果たすほどの強豪であり、部員全員の意思が統一された素晴らしいチームと思われるだろう。だが、七十人を超える部員がいる大集団には、さまざまな個性が入り交じっているのだ。

もちろん、気持ちが通じ合った部員が大部分なのだが、なかにはウマが合わない者もいるわけだ。この制度を取り入れてから、部員同士の性格の不一致や、ささいなことから生じるトラブルなどの情報を把握しやすくなった。一般社会でも人間関係で悩む人は多いが、ロータスにも同様の事態が起き、モチベーションの低下につながる可能性があるのだ。そんなトラブルの芽が生じたときも、幹部同士が話し合い、対応策を共に考える。基本的には幹部が仲裁に入るのだが、部員だけでは手に負えない場合もあり、その際は小林監督に相談に来ることもあるという。

一般的な会社組織でも、問題を未然に防ぐために、報告・連絡・相談のいわゆる「ほうれんそう」が徹底されている。業務の進捗状況を上司に報告し、日ごろから連絡を取り合い、トラブルが生じれば早期に相談するのが鉄則だ。ロータスでは、この幹部同士のミーティングが組織を健全に保つための「報・連・相」の場となっている。

幹部交替も許される「透明性」の高い組織運営術

なお、ここで、小林監督からアメリカンフットボールの練習ならではの興味深い話を聞いたので紹介しておきたい。

試合では部員全員が勝利のために一丸となって戦うわけだが、練習では違うという。大会が近づく時期はスクリメージライン上でオフェンスとディフェンスが対峙し、数多くのアサイメントを実戦で使えるように練習を繰り返すことになる。両者はいわば仮想敵であり、ワンプレー、ワンプレーが勝負なのだ。想定どおりボールを前進させることができればオフェンスの勝ち、前進を食い止めればディフェンスの勝ちということになる。小林監督によれば、このとき、練習の終わらせ方に最も気を使うのだそうだ。

「お互いにミスがない質の高いプレーが出たときに、そこで練習を終わらせます。できるだけ精度が高い状態で練習を終えるように心掛けているんです。『終了時間がきたから』という理由で強制的に練習を終わらせるようなことはしません。必ず成果が見られるプレーがでるまで、練習を続けます」

終わらせ方だけでなく、練習中も小林監督は部員の心理に気を配っている。

「アメリカンフットボールはコンタクトスポーツなので、とくに注意が必要です。オフェンスとディフェンスに分かれるため、練習でも敵味方の意識がはっきり分かれます。ボールをもった選手が乱暴なタックルなどで相手に倒されたりすると、そのプレーに腹を立てた仲間の選手が、感情的なプレーでぶつかっていくことがあります。すると、お互いに平常心を失っていき、チームの雰囲気が乱れてしまうんです。それが、練習の質やプレーの精度を下げることにつながってしまうので、このような状況を生み出さないように気を付けています」

こうした配慮が必要なのは、部員たちが真剣に練習に臨んでいる証ともいえるが、練習では人間関係にひびが入る事態を常に想定しておかなければならないわけだ。そこで、ロータスではトラブルを未然に防ぐために幹部が重要な役割を果たしているのだ。

ところで、経験豊富な二、三年生が幹部を務めるのは理解できるが、入部したばかりの一年生は、性格も把握できていない状態だろう。どのようにして幹部を決めるのだろうか。

「中学時代の部活でキャプテンを務めていた者、あるいは入学直後の一年生のための合宿で、練習に臨む姿勢が良いと判断した者のなかから四人を選びます」

小林監督は中学アメリカンフットボール部顧問の東松氏とも連携しながら人を見ている。ただし、この四人がずっと幹部を務めるということではないと言う。

「幹部になった部員は誰もが一生懸命、その役割を果たそうとします。でも、そのうち幹部という立場を負担に感じ、辞退を申し出てくる者が出てきます。また、部員へ語り掛ける様子などを私が見ていて、リーダー向きではないと感じる者もいます。その場合は、ほかの部員と幹部を交替することになります」

実力主義の厳しさを感じるが、幹部交替はよくあることであり、部員たちも納得しているそうだ。

「一年生には入部の際、学年ごとに幹部を置くことやその役割、そして半期ごとにメンバーを見直し、場合によっては交替があることも説明しています。幹部といっても特権的立場ではないし、偉いわけでもありません。人には向き不向きがあり、リーダーを務めることよりもプレーに専念したほうが活きる個性があることも理解してもらっています」

小林監督は交替することになった部員に対して、その理由をしっかりと話すという。こうしたフォローもあって、この幹部システムは成り立っている。

ロータスでは一年生が入部したときから、リーダー育成を始める。そして、二年近く掛けてリーダーとしての資質を見極め、新チームのスタート時に最適任の人材をキャプテンと副キャプテンにするのだ。

幹部になれば、自分のことだけでなくチームのことを考えるようになる。特に自分の学年は部員一人ひとりに目配りし、コミュニケーションを積極的に取ることが必要だ。そして練習などで気になることがあれば心に留め、練習後には自分の考えを言葉にして、同学年の部員たちに伝えなければならない。幹部ミーティングでは、「報・連・相」を求められる。そうした経験を積み重ねた者がキャプテン、副キャプテンになるのだ。

一般的な高校の部活動でも、人数が多ければ上下の学年や各学年の横のつながりを組織化して部を運営している。だが、一人ひとりの個性を見極めるために柔軟に幹部を交替したり、ロータスほどの密な連携を通して組織の安定化を図ったりしている高校の部活動は多くないだろう。

二〇一九年のクリスマスボウルを戦ったチームのキャプテンを務めたのはワイドレシーバー（WR）の目黒歩偉《あい》氏だ。一六八センチと小柄で、穏やかな性格だが、部員の誰からもリスペクトされているのが傍《はた》から見ていてもわかる。

序章でも紹介したとおり、クリスマスボウルの四連覇がかかった試合に負けたとき、動揺する部員たちを勇気づけ、チームの精神的支柱となった頼れるキャプテンだ。チームを引っ張り、試合の結果に対して誰よりも責任を感じながらも、自分がなすべきことを理解し、実行するキャプテンシーを発揮していた。小林監督がつくった人材育成システムからは、こうした優れたリーダーが生まれるのである。

ロータスの各学年に幹部四人を置く手法は、リーダー育成だけにとどまらない。筆者の目にはそれ以上にチームに多大なメリットをもたらしていると映った。例えば、幹部交替があることで、部員の多くがリーダーを務める経験を持つことができる。そのため、チーム全体のことを常に考えることがあたりまえとする空気が、ロータスには流れているのだ。

さらに、幹部の大変さを多くの部員が経験しているため、幹部の発言は素直に聞く。その結果、誰かから何かを言われなくても、やるべきことを自ら進んで実行する「自立の精神」が部に浸透していくのだ。

「アメリカンフットボールは、アクシデントが起こる可能性が高いスポーツでもあるので、練習には必ず立ち会うようにしています。でも、私がいなくても部員たちは緩むことなく、いつもどおり練習しますよ」と小林監督は語る。

指導者のコントロールを必要としないチームに成長した、という自負があるのだ。

それが二〇一六年のクリスマスボウル初制覇につながった。

二〇〇七年に早大学院がクリスマスボウルへの出場を果たし、その後の十年間もロータスが追いつけないチームになったように、スポーツでは一つの栄冠をきっかけに好循環が起きることがある。

栄冠を手にしたことで、注目度が一気に高まる。注目されることで、指導や環境を含め、良いチームだという評判が広まる。その評判を聞き、ロータスでプレーしたいと思う人材が集まってくる。意識の高い部員が集まることで、部員の士気はさらに高まる。そして、必然的に部内の競争が激しくなり、レベルアップが進むのだ。

チームを支えるOBたち

ロータスにもこうした好循環が生まれ、揺るぎない強さを発揮するようになった。

部員には、アメリカンフットボールを心から好きになってもらい、夢中になるぐらい取り組んでもらう。組織は、実力評価システムを導入し、幹部メンバーの設置による人材育成を図り、部員が主体的に、そしてチームが生き物のように成長していく。そんな仕組みをロータスはつくり上げた。

縦構造で上から厳しく統制するのがあたりまえの日本のスポーツ界では、ほとんど見られなかった手法だ。なかには同様のことをしている指導者がいるのかもしれない。だが、日本一までたどり着いたチームは多くないだろう。自主性任せでは、どこかに甘さが生まれ、頂点を争う厳しい戦いを勝ち抜くことはできないからだ。

選手の主体性を尊重しながらも、適度な緊張を保ちつつチームとして恒常的に進化していく。これは容易に成し遂げられることではないが、ロータスはこうした文化をチームにつくり上げて全国制覇を成し遂げた。こうした類いまれな指導哲学は小林監督自身が生み出したものだが、当然、一人の力で達成したわけではない。ロータスが強くなり、王者に至るまでのプロセスには大勢の協力者がいた。

その一つがOBの存在だ。強豪校には強固なOB会があり、部の環境整備のための寄付を集めるなど、さまざまな援助をする。部にとっては頼りになる存在だが、時として、監督の指導法に異を唱えたり、部員の練習態度を批判したりと、抵抗勢力になることもある。監督や部員は常にＯＢの目を気にしなければならず、強豪校ではＯＢを含めた縦社会が形成されている例も少なくない。

だが、ロータスにそのようなＯＢは見当たらない。大半のＯＢは、弱小だった頃の部員であり、都大会でも大学付属の強豪校に大差負けする屈辱を味わってきた。進学校であることの限界も痛感しており、卒業後もここまで強くなるとは想像もしていなかったようだ。

関東の強豪に数えられるまでになったここ十年、そして二〇一六年にはクリスマスボウルに初出場して初制覇を果たし、さらには三連覇の偉業まで成し遂げてしまった成長ぶりに、ＯＢは舌を巻いた。ＯＢたちにいまのロータスの話を聞くと、誰もが笑顔になり「夢のようです」と誇らしげに答える。だからこそ、小林監督の指導に全幅の信頼を置き、寄付などの援助も惜しまない。試合では、チームカラーの赤のＴシャツを着て、応援に熱を注ぐ。

ＯＢのなかには、小林監督と同様に大学や社会人までアメリカンフットボールを続けた人たちがいて、ボランティアでロータスの指導に当たっている。平日は仕事があるため頻繁には来られないが、週末の練習には必ず顔を出し、自らが経験した高いレベルのスキルを伝えている。

特にクリスマスボウル出場と制覇の力になった「連覇」というキーワードを小林監督に進言した関コーチ、井上怜《りょう》ヘッドコーチ、オフェンスラインを見る小池宏昌《ひろまさ》コーチも、監督の右腕的存在だ。このＯＢ陣の指導体制が、現在のロータスの強さを支えている。

小林監督の人柄も指導方針も熟知している三人のコーチは、監督同様に部員を見守るスタイルの指導に徹している。ゲームの原理原則を理解し、忠実にアサイメントを実践することによって、プレーの成功率を高める理詰めの指導でチーム力の向上を促す。

また、部員たちのモチベーションを高めることも怠らない。その一つが、試合でのプレーの評価である。ロータスでは、試合で好プレーをした選手に「プライズ」という蓮の花をモチーフにしたシールを授与する決まりがある。いわば褒賞である。授与された選手はそれをヘルメットに貼り、誇りとするのだ。

アメリカンフットボールではポジションごとに役割が明確に分けられているが、活躍が目立つのは攻守共にボールに関与する選手に限られる。観客の目に留まりにくい、ボールに絡まないポジションでもいい働きをしている選手は当然いるが、彼らは得てして目立たない存在だ。

十代後半の高校生には、目立つ活躍をしてヒーローになりたいという思いだってあるだろう。だが、地味なポジションの選手たちは、その思いが満たされずモチベーションを保ちづらい。小林監督をはじめとするコーチ陣は、そうした選手たちの頑張りも決して見逃さず、「プラ

プライズシール

イズ」を授与することでプレーを評価しているのだ。

「全員がシールをヘルメットに貼ることを励みにしています。勝利に貢献するプレーをした手応えがあるのに、もらえなかったときは『このプレーではもらえませんか？』と試合の映像を入れた『iPad』を手に聞きにくる部員もいるほどです。選手の主張を聞いて、シールをあげることも多いですが、それでもあげられないときは納得してもらえるまで説明します」と小林監督は語る。こうしたエピソードは高校生らしくてほほ笑ましい。

このプライズシールは、試合で活躍した選手への褒賞として配られるほか、試合に勝利したときにはチームを支えるためにフィールドに立った選手全員に一枚ずつ配られるそうだ。ボールに触れられない選手だけでなく、陰でチームを支える選手もしっかりと評価されるシステムなのだ。

周囲に応援されるチームづくり

学校関係者もロータスを後押しする力になっている。

佼成学園は、多くの競技の強豪校のように学校の知名度を高めるためにロータスを強化しているわけではない。当然、小林監督にもそれを要求していない。取材をすると、思いがけず強くなり、日本一にまでなってしまったという反応だった。

そうは言いながらも、やはり全国制覇のチームがあるという事実は誇らしいようで、校舎の入り口には獲得したトロフィーが並び、勝利を祝うポスターが掲示されている。

筆者が同校を訪れたときも、ロータスの取材であることを告げると、先生方も事務スタッフも生徒たちも笑顔で迎えてくれた。この熱気には、部員たちも応えたくなるはずだ。

なかでも、部員を力づけているのは野球部員の応援だ。野球部とは同じグラウンドで練習する者同士ということもあり仲が良く、試合では会場まで行って応援し合う関係のようだ。男女共学校なら、チアリーディング部があれば試合で応援に駆けつけるなどが一般的だが、佼成学園は男子校だ。野太い野球部員の応援の声がチームを後押しする力になっている。

　部活動による人間教育を考えるうえで、学校がそれぞれの部活に積極的に関心を寄せたり、健闘ぶりを讃《たた》えたりすることが生徒の大きな励みになることは間違いない。同じグラウンドで汗を流す仲間が、互いの試合に応援に駆けつけるような横のつながりも、高校生らしい交流のあり方だろう。周囲の応援や期待に応えようとするとき、選手は応援されるチームの一員であることを自覚するだろうし、その意識が日常生活にもプレーに

「クリスマスボウル2019」の応援に駆けつけた野球部員たち

も表われるようになるのだろう。その意味でも、周囲から応援されるチームであることは重要なことなのだ。

体づくりは母親とプロの協力を得る

部員の家族や外部の専門家のサポートを積極的に受けているのもロータスの特徴だ。

激しいコンタクトゲームであるアメリカンフットボールでは、体を大きく、強くするための食事とフィジカルトレーニングが欠かせない。その点で重要な役割を担うのが、部員の保護者、特に母親である。

ロータスでは入学式の直後、新入部員とその保護者に対し、食事に関しての栄養セミナーを行なう。

「学年ごとに大まかな目標を設定しています。一年生はアメリカンフットボールの選手としての基礎的な体をつくる時期で、激しい当たりに耐え得る大きな体をつくることが必要になります。二年生は大きくした体に筋肉をつける時期、三年生は高校生としてトップレベルのフィジカルを獲得し、試合で優位に戦えるようにする時期です」

学年ごとに食事面の配慮も細かくしていると小林監督は言う。特に一年時の食生活が肝になるようだ。

「特に一年生は、中学時代の食生活を一変させ、バランスを考えた食事を大量に摂ってもらう必要があります。家で食事をつくるのがお母さんという家庭が多いですし、お父さんにもできればそれを知っていてもらったほうがいい。ですから、セミナーに参加してもらい、栄養素の知識や体組成の仕組み、摂ってほしい食事量のことなどを新入部員と共に学んでもらっています」

ほかの高校アメリカンフットボール部も体づくりは必須であり、食事指導をしているに違いない。だが、新入部員だけでなく、その両親に対してもセミナーを行なう学校は少ないだろう。

体づくりにおいて保護者も意識を高め、主体的に関わってもらおうという狙いの食事セミナーは効果てきめんのようだ。入学からの一年間で、多い部員は四十キログラム、平均でも十五キログラムも体重が増えるという。

なお、二年生や三年生も同様の食事を続けるが、二年生は一年間で増えても三〜五キログラム程度、三年生はあまり増えないという。代謝が良くなり、摂った栄養を効率良くエネルギーに替える体になるということだろう。

この食事セミナー、以前は小林監督自らが講師を務めていたが、二〇一六年からはサプリメントの『ザバス』を開発・製造する株式会社 明治の管理栄養士が食事指導を行なうようになった。専門家のアドバイスは的確だし、説得力もあるからだ。

二〇一六年から二年間は箕輪《みのわ》礼子氏が、二〇一八年から二年間は太田智子氏が担当した。この二人が指導した四年間で、部員たちの食に対する意識は大きく変わったと箕輪氏は言う。

「私が最初に指導に来たときは、栄養面に関する基本的な知識が欠けている状態でした。多くの高校生がそうなのですが、食事の目標を聞くと〝とにかく量を食べる〟といった漠然とした答えばかり。体を大きくするには、ご飯をたくさん食べればいいと思っていたんです。でも、選手の目標は単に体を大きくすることではなく、練習をしっかりこなし、試合に出場して最高のパフォーマンスを発揮する強い体をつくることですよね。そのためには、ご飯などの糖質はもちろん、たんぱく質や脂質、ビタミン、ミネラルなどもバランスよく摂る必要があるんです」

ただ、そうした栄養学の講義をしても、なかなか頭に入るものではない。そこで箕輪氏は、個々の部員の高校時代の最終目標である〝大会で活躍している自分〟を意識させた。頭に浮かぶ自分の理想的な体に近づけるために、どんな食事を摂ったらいいかを常に考えさせる習慣を身につけさせていったのだ。

「相手と当たっても、びくともしない体、ハードタックルを受けても故障しにくい体をイメージしてもらうんです。大会で活躍しているそういう自分の体をつくるには、日々の食事でどう栄養を摂ったらいいのか。セミナーでは、それを含めた食事の目標を書いて提出してもらっています」

箕輪氏は、入学式直後に新入部員とその保護者に対して行なうセミナーがいかに効果的かを語る。

「私は多くの学生チームの食事指導を行なってきましたが、入学式直後に保護者同席でセミナーを行なう学校は佼成学園だけです。新たな部活生活が始まるときですから、部員はもちろん、保護者の方もモチベーションが高まっています。栄養面の基礎知識も頭に入りやすいですし、体づくりには保護者のサポートが必要なことも意識してもらえます。この最初のセミナーをベースとして、その後、栄養の知識を積み重ねていくシステムは理に適《かな》っていると感心しています」

食事セミナーは、全部員に対しても年に三、四回のペースで行なっている。その効果を太田氏はこう語る。

「テーマを変えながら繰り返しセミナーを行なうことで、部員の食事に対する意識が格段に高くなりました。それを実感するのは、合宿でバイキング形式の食事を摂るときです。好き嫌いに関係なく、自分に必要だと思う栄養を部員自らが選別してしっかり摂っています。これまで多くのアスリートやチームを見てきましたが、ロータスの部員ほど食事に対する意識が高いケースは見たことがありません。食事の重要性を実証する見本になってほしいくらいです。そのためには強くあり続けてもらうのが一番ですから、試合ではつい応援に熱が入ってしまいます」

「栄養フルコース型」の食事例

meiji

	①主食	②おかず	③野菜	④果物	⑤乳製品
5大栄養素	炭水化物 （糖質）	たんぱく質 ミネラル 脂質	ビタミン ミネラル	ビタミン 炭水化物（糖質）	ミネラル たんぱく質 脂質
主な食品	ごはん　パン 麺類　いも類 シリアル	肉　魚 卵　大豆製品（豆腐・納豆など）	緑黄色・淡色野菜など 海藻類　きのこ類 野菜ジュース	果物 果汁100%ジュース	牛乳　ヨーグルト チーズ
主な働き	●エネルギー源 ●集中力の維持	●強いカラダをつくる材料	●体調を整える ●疲労回復	●疲労回復 ●ケガの予防 ●ストレスを抑える ●カゼの予防	●強い骨をつくる ●精神を安定させる ●筋肉の動きをスムーズにする

朝食：625Kcal

昼食：1,344Kcal

夕食：1,397Kcal

合計：3,366kcal

【図・写真提供：(株)明治】

小林監督は、栄養学のプロに講師を依頼することで多くの学びがあったと語る。

「太田さんの指導で、私自身が認識を新たにしたのはフルーツの重要性です。グレープフルーツなど、ビタミンCを多く含む果物を摂るように教えてもらっています。ビタミンCというと風邪の予防や美容に良いといわれますが、コラーゲンの生成を助け、腱《けん》や靭帯《じんたい》の強化にもつながるそうです」

プロの栄養士の指導によってロータスの選手たちはどのような食事を摂るようになったか、箕輪氏に具体例を紹介してもらった。

「通常、高校生アスリートは一日に三千キロカロリー程度は摂取するべきだといわれますが、アメリカンフットボールの場合は体を大きくする必要もあるので、ポジションにもよりますが、ロータスの部員たちには四千から四千五百キロカロリーは摂るよう指導しています。メニューは保護者の方にお任せしますが、基本的には肉か魚の主菜に、納豆、卵、豆腐のいずれかを一品つけてほしいと言っています。それから、野菜、フルーツも必須です」

ロータスの部員たちは、こうした食事をして体づくりをしているのだ。

筋力トレーニングに頼らない体幹強化法

食事と並んでアメリカンフットボールにはフィジカルトレーニングが不可欠だ。二〇一四年からは、そのフィジカル担当のヘッドトレーナーとして加瀬剛氏を招いた。アメリカンフットボールというと、当たり負けしない屈強な体をつくるためのウェイトトレーニングを連想する。しかし、小林監督は「よりパワーが求められる大学以上の選手は別として、身長が伸びる成長期にある高校生は体幹を鍛えるほうに時間を割くべきです」という考え方を持っている。

そこで、故障した部分を保護して痛みを和らげる「キネシオテープ」の専門家として知られ、体幹トレーニングのエキスパートでもある加瀬トレーナーに体幹強化の協力を依頼したのだ。

加瀬氏が体幹を強化する重要性を解説する。

「体幹は人が立って姿勢を保つ、歩いたり走ったりするといった動作を支える土台です。誰もが生きていくうえで必要なレベルの体幹は持っています。車に例えれば、軽自動車のサスペンションといったところでしょうか。しかし、アメリカンフットボールの選手は体を大きくしなければプレーできませんし、より速く、より激しく動かなければならない。排気量の大きいスーパーカーのボディを支えるサスペンションにする必要があるんです」

土台である体幹を鍛えることで、体のバランスは良くなり、関節を連動させやすくなる。さらに運動能力を上げるだけでなく、相手との接触時の衝撃も吸収しやすくなり、故障を予防することにもつながる。

ただし、体幹をしっかり鍛えるには、いくつかのハードルがあると加瀬氏は言う。

「まず、体幹のエクササイズを正しく行なうのが難しいことです。それまでの生活習慣で姿勢が悪くなっているため、『このポジションを取って』といってもできないケースが多い。新入部員に基礎的なエクササイズをやってもらっても、正しくできるのは十人中二人ぐらいですからね。できる人に見てもらって、正しく行なえているかチェックする必要があるんです。また、体幹を鍛えるには時間がかかるし、根気も要ります。表面の筋肉は筋トレをすればすぐにつきますが、体幹は体の奥の筋力ですから、強くなっていることを自覚しづらい。それに加えて、エクササイズ自体、動きの少ない地味なものですから、続けるモチベーションを維持するのが大変なんです」

しかし、加瀬氏は「正しく行なうのが難しい」と「時間がかかり続けるのが大変」という二つの難問を、一気に解決する方法をロータスに提案した。

まず、体幹強化に効果のあるエクササイズを三十三種類ピックアップ。これを難易度に応じて十一種ずつ三つのカテゴリーに分け、平易な順に「レベル1」「レベル2」「レベル3」としてシートに印

加瀬氏が自ら体幹トレーニングの指導に当たることもある

姿勢	評価	プラクティス	回数
⑦うつ伏せ		1.ポジションキープ 2.右足を左足の上に乗せて片脚ポジションへ 3.５秒で体幹を下げる 4.中間ポジションキープで５秒静止 5.５秒かけてゆっくり深部ポジション。５秒キープ 6.首を上げてから中間ポジションで５秒キープ 7.元のポジションへ	5回
⑧横向き		1.両足にチューブをはめて左下のサイドブリッジ ポジションキープ 2.右足を40度開き10秒キープ 3.ゆっくりと元のポジションへ	5回
⑨横向き		1.両足にチューブをはめて左下のサイドブリッジ ポジションキープ 2.左足を40度開き10秒キープ 3.ゆっくりと元のポジションへ	5回
⑩仰向け		1.チューブを両足に掛けてドローイン 2.両脚をゆっくりと30度あげる 3.その位置からゆっくりと両足を40度開きポジ ションキープ 4.ゆっくりと元の位置へ	5回
⑪うつ伏せ		1.ポジションキープ 2.５秒で体幹を下げる 3.中間ポジションキープで５秒静止 4.５秒かけてゆっくり深部ポジション。５秒キープ 5.首を上げてから元のポジションへ	3回

この表はロータスが行なっている体幹トレーニングメニューの一例を示したものです。

体幹トレーニングの詳細は、加瀬剛氏の著書『勝つための最強体幹力メソッド』（創藝社）を参照ください。

体幹トレーニング評価表（レベル２）

姿勢	評価	プラクティス	回数
①仰向け		20秒かけて呼気を行い、吸気は10秒かけて行う。 その際、お腹の力は一切抜かない	5回
②四つん這い		1.四つん這いのポジションキープ 2.右脚と左腕を水平にする 3.呼気を20秒かけて行い、吸気も20秒かけて行う 4.ゆっくりと脚と腕を下ろす 5.反体側も同じように	3回
③うつ伏せ		1.ポジションキープ 2.左足を右足の上に乗せて片脚ポジションへ 3.５秒で体幹を下げる 4.中間ポジションキープで５秒静止 5.５秒かけてゆっくり深部ポジション。５秒キープ 6.首を上げてから中間ポジションで５秒キープ 7.元のポジションへ	3回
④横向き		1.両足にチューブをはめる 2.右下の横向きになり側面のみでバランスキープ （下の腕は上にあげる） 3.左足を40度開き10秒キープ 4.５秒かけてゆっくり下ろす	5回
⑤横向き		1.両足にチューブをはめる 2.左下の横向きになり側面のみでバランスキープ （下の腕は上に上げる） 3.右足を40度開き10秒キープ 4.５秒かけてゆっくり下ろす	5回
⑥仰向け		1.チューブを脚に掛け、両脚を５秒かけ30度上げる 2.片脚をその位置にキープしたまま反対側の脚を 30度開き10秒キープ 3.ゆっくりと脚は上げたまま反対側も同じように 4.５秒かけてゆっくり下ろす	5回

刷し、部員に渡す。一つのエクササイズが正しくできるようになったらクリアのチェックを入れ、最終的に三十三種すべてのエクササイズをクリアすることを目標とさせたのだ。しかも、クリアの判定を下すのは部員同士だ。

「クリアした者が見れば、ほかの部員が正しくできているかどうかがわかります。トレーナーである私が見なくても、選手同士で十分に評価し合えるので任せています」

ロータスでは、各選手の実力ランクを公表していると繰り返し紹介してきたが、試合に出場できる「スタート」と「1st」にランクされている部員は、全員三十三種のエクササイズをすべてクリアしている。試合出場を目指してランクアップを図る部員は、エクササイズをクリアする努力をしなければならない。つまり、地道な体幹トレーニングに対するモチベーションを持ち続けることができるというわけだ。

「体幹トレーニングは練習でももちろん行ないますが、部員たちには練習が休みの日でも、一日二十分から三十分は行なうよう指示しています。レギュラークラスは三十三種が正しくできてあたりまえですから、ほかの選手は自分もクリアしようと努力する。私や監督に言われなくても、毎日実行するようになるんです」

一日三十分程度でも、毎日積み重ねていけば体幹はしっかり強化されるし、プレーにも活きていることが自覚できるようになる。フィジカル強化の面でも好循環の流れができているのだ。

そして実際、さまざまな効果を生んでいると加瀬氏は言う。

「目に見えて減ったのは、〝自爆〟での故障です」

一般的には、相手との体のぶつかり合いでけがをして故障すると思われがちだが、激しい運動競技の場合、自分自身の動きで体をひねったり、バランスを崩して転倒したりして痛めることも少なくない。そうしたアクシデントが減ったのだ。

「体を動かすとき、正しく体幹を使えるようになると、関節の位置もまっすぐになります。関節が安定し、筋肉と無理なく連動するようになるんです。故障するのは、この関節にねじれの力が掛かるからですが、体幹が強ければそのねじれを食い止めてくれるのです。また、相手とのコンタクトでの故障も防ぐ効果があります。ぶつかったとき、腹にグッと力を入れることで体幹が体のねじれを軽減してくれるんです」

確かに、ロータスの試合を見ていると、故障で起き上がれなくなる選手は相手チームのほうが圧倒的に多い。加瀬氏の体幹トレーニングの成果だろう。

　故障が少ないのは練習を休む部員を減らし、限られた練習時間をレベルアップのために有効利用することにもつながっているし、試合での戦力ダウンも少なくできる。もちろん故障だけでなく、体幹強化はプレーのパフォーマンスを上げることに役立っていることは言うまでもない。加瀬氏の体幹トレーニングはロータスの強さを支えているのだ。

テクノロジーを駆使した効果的なルーティン

　食事面、フィジカル面でも、ロータスは合理的な手法を取り込み、チーム強化に役立てているが、アメリカンフットボールに欠かせない要素であるインテリジェンスの向上にはＩＴを活用している。

　ロータスの練習グラウンドには鉄製の「やぐら」が設置されており、部員は高所から練習の様子をビデオカメラで撮影している。その映像は練習終了後に部員各自が持つ「iPad」に転送されるため、データで映像を確認することができる。部員たちは、下校途中の電車内、あるいは翌日の昼休みなどに、この映像を見て、練習したアサイメントにおいて自分のプレーは役立っているか、ほかの選手の動きを含めてチェックするわけだ。

「アメリカンフットボールでは、一つのプレーが始まってから終わるまでの数秒間、自分以外の選手がどんな動きをしているか見ていない選手も結構いるんです。オフェンスラインの選手にとっては、ボールは自分の後方にありますし、役割はそのボールを前進させるために目の前

「やぐら」から映像を撮影する部員

の相手を止めること。そのワンプレーに集中しているわけです。しかし、それで終わりにしてしまってはいけない。そのプレーで、自分に与えられた役割を果たせているかを確認し、できていなかったら修正する必要があるんです。練習直後にプレーの映像を見れば、それを確認することができるんです」と小林監督はその効果を語る。

また、目標とする先輩の動きを見て、自分と比較することで自分の課題を見つけ、プレーの向上につなげることもできるのだ。

「練習でのプレーを俯《ふ》瞰《かん》した映像で見ることで養われる感覚も重要です。実際にプレーするときの感覚と、映像を見たときの感覚が一致してくると、試合でも臨機応変に対応できるようになるんです。その場で起きていることに対して、どのように対応するか部員同士で話し合い、正確な答えを出すことにもつながる。体格や体力では追いつけなくても、そうした対応力を持つことで相手を上まわることもできます。チームをレベルアップさせるには欠かせないテクノロジーなんです」

このＩＴ活用にも協力者がいた。ライバル校である早大学院の指導者だ。「iPad」への映像転送システムは早稲田大学米式蹴球（アメリカンフットボール）部がいち早く導入。すぐに付属の早大学院にも取り入れられた。この情報を得た小林監督が、二〇一二年にロータスに導入したのだ。

早大学院や佼成学園だけでなく、都立西高校も同システムを導入しており、情報を共有する関係だという。敵に塩を送るような行為に感じるが、どの指導者も、東京都の高校アメリカンフットボールのレベルアップのためには力を合わせようという考えを持っている。

もちろん大会で対戦するときに手の内を見せるようなことはしないが、互いに協力を惜しまない信頼関係を築いているのだ。

映像を見て、自分のプレーの精度を確認する

ロータスの部員たちは、食事やフィジカルトレーニングの知識を身につけて実践し、ＩＴを活用してインテリジェンスの向上も図っているわけだが、それを日々効率的に行なっていくためのルーティンも意識している。

練習の一時間ほど前には、おにぎりなどの炭水化物を食べてエネルギーを補給し、練習直後にはリカバリーのためのプロテインゼリーを摂る。グラウンドを離れたら「iPad」でプレーをチェックし、帰宅後は保護者が用意してくれる大量の食事を摂るとともに筋肉のアイシングをする、というルーティンだ。

小林監督は選手の健康面に配慮しながらも、効率的に体をつくることを念頭に置いた指導をしているようだ。

「家で食事をしたあと、授業の予習・復習をする時間も取らなければなりませんが、睡眠は十分取るように注意して指導しています。体を休ませる意味もありますが、たっぷり栄養を摂ったあとに眠れば、睡眠中に筋肉や体の組織が成長し、効率良く強い身体をつくれるからです」

繰り返しになるが、佼成学園は進学校であり、練習に長い時間を割くことはできない。小林監督は、限られた時間を有効利用する工夫を重ね続けてきた。それを実践し、強化につなげることができたのは、多くの人たちの力があったからにほかならない。

終章

蓮にあだ花なし

ロータスのチーム名に込められた思い

ロータスにはチームで大事にしている合言葉がある。それが「素直」「謙虚」「感謝」だ。

もともとは榎《え》並《なみ》紳吉《のぶよし》学校長が佼成学園のすべての生徒に向けて、心に刻んでほしい言葉として取り入れたものだが、「ロータスで活動する部員にもそのまま当てはまる」と小林監督がチームの標語にした。

「部活動の主役は生徒たちですが、選手として成長するには私やコーチはもとより、さまざまな分野の専門家、ＯＢや家族、周囲の人からのアドバイスを素直に受け入れることが必要です。心身をレベルアップさせるのには素直な姿勢は欠かせないのです。アメリカンフットボールの練習を積み重ね、スキルやフィジカルは向上する。チームは強くなり、その一員である自分にも自信がつきます。自信を持つのはいいのですが、周囲から注目されたり、褒められたりすると、それが過信となり、高慢な態度をとりかねません。決して、謙虚な気持ちを忘れてはならないのです。そして謙虚とともにある言葉が感謝。自分がアメリカンフットボールをプレーできるのは、多くの人の支えがあるからです。家族はもちろん、チーム関係者、応援してくださる人たち、試合でも、開催の労をとってくださる方々から、対戦する相手チームまで、すべてが感謝の対象なんです。部員たちには部活動をするうえで、常にこの三つの言葉を忘れないでほしい。そう思って部のスローガンにしました」

　アメリカンフットボールという競技の技術力を向上させる意識だけでなく、部員たちはそうした気持ちを持って練習し、試合に臨んでいるのだ。また、部員たちを見ていると「ロータス」というチーム名にふさわしいことが実感できる。

　ロータスとは、蓮のことである。生命力の強い蓮は、泥水のなかでもたくましく育ち、一輪とて咲き損じがない花だといわれている。仏教では、この蓮をシンボルにすることも多い。煩悩を生む誘惑が多い俗世間にあって、周囲の環境に流されたり、染まったりすることなく、修行を通して悟りを得るという蓮の花の特徴になぞらえているのだ。佼成学園が仏教系の学校ということもあるが、ロータスでは蓮をチーム名に掲げていることに意味を見いだしている。

本書ではアメリカンフットボールの競技性についても述べてきたが、アメリカンフットボールではフィールドに出られる選手が限られているだけでなく、フィールドに出てもボールに触ることさえないポジションもある特殊なスポーツだ。もちろん個々の選手によって受け止め方に差はあるにしても、花形のポジションとそうでないポジション、レギュラーと非レギュラーなどが生まれる可能性はあり、短い高校の部活動期間中に努力が報われない人も少なからずいるだろう。

しかし、ロータスでは、部員それぞれにチャンスが公平に与えられ、成長していく。そして二年半、アメリカンフットボールを心から楽しむ。

なかには、故障などで公式戦への出場がかなわない部員もいるが、それでもチームのために役立てることを精いっぱいやろうとしている。前線に出て活躍はできなくても、縁の下の力持ちとしてチームに貢献する、いわゆる「アンサングヒーロー」となり、充実した部活動生活を通して人間的に大きな成長を遂げる。

一人として咲き損じがない。ロータスは、チーム名に託された意味を体現するチームに成長し、人間教育を行ないながら日本一のチームとしての実力を兼ねそなえることを実現してきた。

トップレベルまで最短距離で導く手法

繰り返し述べてきたが、佼成学園は進学校だ。高校アメリカンフットボール界を代表する強豪になったいま、活躍が目立った一部の選手こそ有力大学からリクルーティングされるようになったが、多くの部員は大学受験の勉強にも力を入れなければならない。そのため、練習に割ける時間も限られる。大学付属校に比べれば大きなハンデを負っていると言わざるを得ない。

それでも三年連続で日本一に輝き、二〇一九年もクリスマスボウル準優勝という実績を残しているのは、短期間で選手の実力を引き上げ、チームとしてまとめる手腕が小林監督にあるからだろう。

とにかく小林監督の選手育成には無駄がない。ほとんどの部員は、激しいコンタクトプレーがあるアメリカンフットボールを高校入学時に始める。実質二年間という限られた期間で、彼らを高校トップレベルの選手に育て上げてしまう小林監督の手腕は見事だというほかない。

ロータスの部員たちを見て驚くのは、アスリートとしての意識の高さだ。練習を「やらされる」のではなく「自ら進んでやる」のだ。きつい練習にも音《ね》を上げることなく、「もっともっと」と、やり続ける。練習後の下校時や自宅に帰ってからも、数百はあるアサイメントを覚えることに時間を費やす。

「アメリカンフットボールが好き」「もっと上手くなりたい」、「レギュラーになって活躍したい」。部員によって若干濃淡はあるかもしれないが、全員がこの意識を持っているからこそ、短期間で劇的な成長を遂げるのではないだろうか。

高校の運動部員のなかには、少なからず「やらされている感」を持って練習をしている者もいるだろう。最初は誰もが、その競技が好きで活躍したいという思いで入部するだろうが、指導者は好きな気持ちを育むよりも、強くしようという意識が先行し、厳しい指導に当たってしまうことが往々にしてある。

そのきつい練習に耐え、競技力を上げた者が選手として試合に出るという指導を繰り返せば、一時は好成績を残すことができても、人が変わればチーム力にもムラが出てしまう。

ロータスは二〇一九年のクリスマスボウルで敗戦するまで、公式戦五十二連勝の成績を上げていた常勝軍団なわけだが、このことから、人が入れ替わっても継続して強くあり続けるチームに不可欠なことが何なのかを学べるのではないかと思う。

「ティーチング」と「コーチング」

ロータスというチームの文化をいくつか紹介してきたが、小林監督の指導のベースは、「アメリカンフットボールを好きになってもらうこと」にある。そのために指導者として小林監督がしていることは、案外単純なことだった。

小林監督の指導の様子を見ていると、選手一人ひとりに声を掛け、話を聞いていることが多いことに気づく。「いまやっているポジション、面白いか？」「どんなプレーをしてみたい？」などと聞いている。そのときには必ず、選手自身の意思で発せられる言葉を待つ。小林監督自身が納得するまで、「なんで？」「どうしてそう思うの？」と、根気よく問い掛ける姿が印象的だった。

その光景に接して頭に浮かんだのが、ビジネスでの能力開発や人材育成の手法として注目されている「コーチング」だ。

コーチングといえば、日本では「スポーツチームのコーチが、選手を指導すること」と認識されがちだが、これは「ティーチング」と呼ばれる。コーチが自らの経験や学びで得たスキルや理論を選手に教えることだ。

ここでいう「コーチング」はそれとは異なる。能力開発においての「コーチング」は、一九九〇年代にアメリカで手法が確立された。日本では二〇〇〇年代に入った頃から知られるようになり、現在はビジネス分野の人材育成に活用されている。

コーチングとは、コーチ役と指導を受ける側（クライアント）の一対一の対話形式で行なわれ、「傾聴」「質問・共感」「承認」の三つのプロセスからなることが基本的だ。

まずは、「傾聴」。コーチ役はクライアントに自分のことをしゃべってもらい、ひたすら聞くことに徹する。「生まれ育ったところ」「学生時代の思い出」「いま、一番興味があること」など、まずは基本的なことを聞く。

そして、「質問・共感」へと移る。傾聴しているなかで話が広がりそうなものがあれば質問して掘り下げていき、納得できる部分に共感する。ビジネスコーチングでは、「この会社を志望した動機」や「どんな人生を送りたいか」といった部分にも触れる。

そうした会話を重ね、「承認」へと至る。「あなたはこういう考えや価値観を持っていて、こんな可能性を持った人だ」と相手を認めるのだ。

「傾聴」「質問・共感」「承認」の三つはすべて、語る人の欲求を満たしている。人は自分のことを誰かに聞いてもらいたいと思っているし、それに対して質問されるのは、相手が自分に興味を持っていることを示し、共感されるのもうれしいものだ。それらのプロセスを経て、人に認められることで「承認欲求」が深く満たされる。

この三つのプロセスを繰り返すコーチングの狙いは、自覚していなかった本心に気づくことだ。コーチ役の質問に答え、会話を重ねていくうちに、普段なにげなく日常を過ごしているときには出てこないような考えや言葉が出てくることがあるのだ。「小さな頃に考えたが、途中で諦めて忘れていた夢」であるとか、本当にやりたいこと、なりたい自分の姿などだ。日常に追われて心の奥にしまい込んでいたことが、コーチングの会話によって導き出され、自分が持っているものに「気づく」。いわば、ティーチングでは〝教える側〟に答えがあるが、コーチングでは〝受ける側〟に答えがあるということだ。本人が変わっていくプロセスにおいて、ティーチングとコーチングには決定的な違いがあることを認識してもらいたい。

誰かから命令されて行動するとき、そこに自分の意思が入る余地はない。だが、自分自身のなかにある「気づき」が行動の動機になったとき、人間は主体的に動けるようになる。自主性が生まれ、やる気やアイデアも湧いてきて、誰かに命令されて行動するときとは比べものにならないほどの能力を発揮できるようになるというわけだ。

チームの指導者である前に教師である

小林監督は、部員一人ひとりと対話し、話を聞く姿勢も持っている。その結果、ロータスの選手たちは「気づき」を引き出され、自主的に練習に臨むようになる。監督に言われなくても自らを高めようとしている。これはまさに、コーチングの手法ではないかと筆者は思ったのだ。

一連の取材を終え、改めてコーチングについて小林監督に聞いてみた。すると、小林監督自身がコーチングを受けたことがあるという話を聞かせてくれた。

「同僚だった英語の教師に佐藤扶由夫《ふゆお》さんという人がいました。彼が、アメリカで注目されていたコーチングに興味を持ち、講習を受けてコーチの資格を取ったんです。二〇〇〇年頃ですから、日本では相当早かったと思います。それで、佐藤さんが『コーチングは教育現場で活かせる手法だから、私に講習をさせてほしい』と校長を説得して、佐藤さんのコーチングを教員たちが受けることになったんです」

そのときに受講した一人が小林監督だった。週に一回一時間のコーチングを二年間受けたそうだ。

「監督になって七年目の頃です。当時はチームの成績は低迷していましたし、部員がやめたりすることもあって、『自分の指導はこれでいいのだろうか』と悩んでいた時期でした。それで、佐藤さんのコーチングを受けることにしたんです。効果はありました。指導スタイルに共感してもらえ、監督としてやっていく自信がつきましたし」

　このコーチングによって、指導者としての小林監督は自らの「気づき」を佐藤氏に引き出された。一人ひとりと対話を重ねて選手の自主性を促すことは、佐藤氏のコーチングを受ける前から小林監督が実践していたことだったが、いまはその効果を実感し、部の指導にも反映させているそうだ。

　高校の部活に限らず、監督は選手たちを集めて語り掛ける場面が多い。組織に情報を伝達して動かしていくにはそのほうが効率的だし、指導者としての威厳を示すこともできる。しかし、小林監督は試合や練習のあとにその形を取ることはあっても、時間を見つけては部員と一対一での会話を繰り返していることのほうが多い。

　だが、監督に就任した頃の部員数は三十人前後。いまでは七十人以上の部員がいる。その一人ひとりと会話を重ねるのは大変ではなかったのか。

「こんなことをいうと、いい話のように聞こえてしまいそうですが、私は一人ひとりと向き合う仕事がしたくて教員の道を志望しました。部員たちだけでなく、体育の教員として一般の生徒を指導するときも、一人ひとりと向き合っています。もともとそういうことが苦にならない性格なんだと思います」

ただ、コーチングを受けた経験が、ロータスを指導する小林監督を支えてきたことは確かだろう。

「指導では、もちろんティーチングが必要です。スキルや経験は教えるしかないからです。ただ、日本ではティーチングしかしない傾向が強いんです。良くないのは、それが『押しつけ型』で行なわれてしまうことです」

部活動は短い期間で結果を出すことを求められる。勝つことにこだわるあまり、強いリーダーシップでチームを束ね、時に押しつけるような指導をしてしまう指導者が出てくることも容易に想像できる。

「例えば、不調に悩んでいる選手がコーチに助言を求めたとします。日本のコーチは『こうしろ』と言って終わり。しかし、アメリカのコーチはアドバイスをしたあと、大抵「What do you think?」をつけ加えるんです。『俺はこうしたほうがいいと思う。おまえはどう思う?』と」

コーチングの基本どおり、答えは選手の側にある。だから自分で考え、試し、答えを探せというわけだ。

「プレーするのは選手、試合での主役も選手。指導者はそのサポート役としてどれだけのことができるか。そういう意識を保てているのは、コーチングを受けた効果だと思っています」

勝っても負けてもチームは止まらない

昨年十二月二十二日に横浜スタジアムで行なわれたクリスマスボウルでは、対戦相手の立命館宇治高校が凱歌《がいか》を上げた。

スコアは七対十八。タッチダウンを一回返しても追いつけない点差ではあったが、ロータスの選手たちは最後まで諦めずに戦った。流れ次第では、ロータスにも十分に勝算があった拮抗《きっこう》した試合展開だった。

そもそもこの一戦は、公式戦で五十二戦の連勝を重ねていたロータスは絶対王者として四連覇をかけていたし、前年のクリスマスボウルでロータスに二十一対〇からの大逆転負けを喫した立命館宇治にとっては、その雪辱を果たさんとする一戦だった。両校の並々ならぬ思いがぶつかる気迫に満ちた試合となったのだ。

　それでも立命館宇治に軍配が上がったのは、この日までの一年間の努力が実った結果だろう。立命館宇治には、前年の試合をプレーした選手も、サイドラインで見ていた選手もいた。いずれも耐え難い悔しさを味わった選手たちであり、それからの一年間、優勝とともに〝打倒ロータス〟の一心で練習に打ち込み、分析に分析を重ね、自らを高めてきたはずだ。そして関西を制し、関東を勝ち上がったロータスと再び対戦する機会を得た。悔しさを晴らすには絶好の舞台となったわけだ。

　その気持ちはプレーにも表われ、攻守共に立命館宇治は高校生レベルでは完璧に近いプレーを見せた。日本一にふさわしいチームだった。ロータスは、勢いに乗った立命館宇治に一歩及ばなかったが、王者としてのプレッシャーのなかで堂々と日本一をかけた試合を行なっていたし、胸を張っていい戦いをしたといえる。

　だが、ロータスにとっては入部して初めて味わう公式戦での敗戦に、悔しさを隠しきれず顔をゆがめる選手も多くいた。そんな彼らに対して、目黒歩偉《あい》キャプテンは「ここは一つの通過点にすぎない」と語り掛けた。そして、こう続けた。

「多くの人に支えてもらい、こうして日本一を争う場でプレーできたことに感謝しよう」

二年生、一年生には新チームで頑張ってもらわなければならない。三年生には卒業後、大学生活が待っており、アメリカンフットボールを続ける者も、そうでない者も新たなチャレンジをするわけで、通過点を強調したのは、この敗戦を糧にしてほしいということだろう。

そして、感謝することも忘れてはいなかった。敗戦という結果を受け止め、前に進んでいこうと呼び掛けた。敗戦の責任を一番感じているはずのキャプテンがこんなことを言えるのも小林監督のリーダー育成法の賜物《たまもの》だろう。

クリスマスボウルの翌日、引退する三年生は部室を清掃し、次の代にバトンを渡した。三年生は、日々仲間と汗を流し、語り合ってきた部室に別れを告げた。最後は、準優勝のトロフィーや楯を前に、小林監督と笑顔で記念写真を撮り、グラウンドを去っていった。

二年生、一年生も、敗戦に落ち込んでいる暇などない。新チームは、その翌日には練習を再開。年末年始の休みをはさみ、一月五日には気分も新たに新チームがスタートした。

ここで部員一人ひとりが行なったのが、今後に対する決意表明だ。

最上級生としてチームを引っ張る立場になる二年生からは、クリスマスボウルで負けた悔しさを語る者が多かった。

「自分にもチームにも課題はたくさんありますが、これからの一年間で、日本一を争える力をつけたいと思っています」といった発言が続いた。一年生からは「試合に出場して、チームの勝利に貢献したい」「体重をあと十キロ増やしたい」という個人的な目標を語る者が多かった。

この決意表明はビデオ録画され、部員たちはいつでもチェックできるようになっている。一年は短いようで長い。練習を積み重ねても伸び悩むことや、気持ちが停滞することがある。そんなとき、新年の決意表明を見て、新チームがスタートしたときの気持ちに立ち返ろうというわけだ。

全員の決意表明が終わったあと、小林監督は「今年のクリスマスボウルは十二月二十六日に行なわれます。覚えておいてほしい」と語った。強い言葉を発することはなかった。部員たちに、ただ目標の日を意識させる発言だ。そこまでに自分は何をすべきかを考え、努力することを選手自らが考えるよう願いを込めているのだろう。

二〇二〇年一月、再度日本一に挑戦できるチームになるため、ロータスはスタートを切った。が、思わぬ事態が起こる。新型コロナウイルスの感染拡大だ。そのため二月十九日から部活動を自粛。部員たちは自宅待機を余儀なくされた。

言うまでもなく、このアクシデントはロータスに限ったことではない。アメリカンフットボールのライバル校はもとより、すべての高校運動部の部員たちは活動を自粛することになった。甲子園大会は春、夏ともに、ほとんどの競技の高校生アスリートが目標とするインターハイも中止に追い込まれた。

アメリカンフットボールも春シーズンの大会は中止。開催される望みを残す秋シーズンに向けて、各校の選手たちは自粛期間、個々にトレーニングを続けただろう。誰も経験したことのない事態に、選手たちは不安を抱いたはずだが、ロータスの場合、取り入れてきた強化策とつくり上げた文化によって、マイナス要素を最小限に食い止めたようだ。

佼成学園では二〇一五年から生徒一人ひとりが「iPad」を所持し、使いこなせるようにする取り組みを行なってきた。それは休校期間中、オンライン授業で威力を発揮したが、前述したようにロータスでは部活動でも「iPad」を有効利用している。練習の映像を「iPad」に送り、各自が自らのプレーを確認、レベルアップにつなげるというものだ。

自粛期間は、オンライン会議システム「Zoom」を使ったミーティングや、コミュニケーションアプリ「LINE」を利用した健康管理の報告を行なったという。また、加瀬トレーナーが自主トレメニューを選手たちに送り、選手たちはそれに従って自宅でトレーニングを積んだそうだ。

このような状況について、新キャプテンの金子湧《ゆう》選手は語る。

「自粛期間中は全員参加のオンラインミーティングを通じ、練習再開に向けたモチベーションの維持や再開後の活動内容をどう工夫するかなど、多くのことを話し合ってきました。体づくりの面でも、体幹トレーニングをポジションごとに工夫して行ないました。グラウンドで練習できないのはストレスでしたが、オンラインでみんなとコミュニケーションがとれ、モチベーションを維持できたのは本当に良かったと思っています」

　このような不測の事態に陥ったときも、選手一人ひとりが主体的に物事を考え、行動するのがロータスというチームだ。たとえ集まることができなくても、各々が工夫し、フィジカル強化やアサイメントの習得などに努めたのではないだろうか。

　そして、六月二十日には練習が再開された。

　密閉・密集・密接状態になることを避ける必要があり、通常の練習はできない。だが、ロータスはここでも合理的に時間を使うことを考え、プレーを研究するためのコミュニケーションを図ったり、重点的に体幹トレーニングを行なったりしてきた。置かれた環境下で最大限の工夫を重ね、秋のシーズンに向けて部員たちは着実にレベルアップを図っている。

　詳しくは書いてこなかったが、部の強化や運営と並行して、小林監督にはもう一つ重要な仕事がある。二年生の進路指導だ。

ロータスの部員の多くは、大学でもアメリカンフットボールを続けたいと思っている。活躍が目立った選手は有力大学からリクルーティングされるし、そこから外れた選手も夏に行なわれる大学のセレクションを受けることができる。ここで重要になるのが、選手の性格やプレーの特性が、進もうとしている大学のアメリカンフットボール部に合っているかどうかだ。小林監督は各大学の情報を持っているし、専門家の目でその方向性を見てもいる。部員と面談を行ない、その希望と擦り合わせながら進路先をアドバイスするのだ。

また、アメリカンフットボールを続けない部員にとっても、大学選びは言うまでもなく人生の方向性に影響を与える重大事だ。推薦入試や受験についても、多くの情報を提示しながら親身に相談に乗る。縁あって自分のもとに集まった部員たち。アメリカンフットボールを続けるなら、行った先で活躍してもらいたいし、その後もより良い人生を歩んでほしいという思いを小林監督は持っている。

社会で通用する人間になれ

最後に、改めてロータスと小林監督の指導について取材を重ねてきた筆者が感じたことを述べておきたい。

ロータスは二〇一六年から三年連続で高校日本一になった。四連覇こそかなわなかったものの、四年連続でクリスマスボウルに出場を果たし、トップレベルの実力を示した。そのロータスをつくり上げたのが小林監督であり、アメリカンフットボール界では名指導者として評価されている。

確かに、さまざまな制約がある進学校で強いチームをつくるのは難しい。そのハンデを乗り越えるために知恵を絞り、合理的な練習法によって強化を成し遂げる手腕は見事というしかない。だが、それ以上に驚かされるのは、競技力の向上だけでなく、部員たちを人間的に成長させることもしっかり行なっていることだ。

もちろんどの高校の部活でも、人間教育も重視している。あいさつをはじめとする礼儀を知り、組織の秩序を守り、仲間と力を合わせる重要性を知ることができる。

だが、ロータスでは、こうしたことはできてあたりまえのこととしている。小林監督はそこから一歩踏み込んで、社会に出て活躍できるスキルや人間性を、部活をとおして自然に身につけられるように工夫しているのだ。特に筆者の印象に残ったのが、次に挙げる三点である。これまで書いてきたことを整理する意味でまとめてみよう。

第一が自主性である。

小林監督は、新入部員にまずプレーする楽しさやゲームとしての面白さを伝え、アメリカンフットボールを好きになってもらうことに心をくだいている。好きになれば、もっと上手く、もっと強くなりたいと思うようになり、黙っていても向上のための努力をするようになる。「させられる練習」ではなく「自ら進んでする練習」になるのだ。意識がこのレベルに到達すると、練習も無駄なく合理的に行なわれるし、用具の準備や片づけ、清掃なども率先してするようになる。小林監督の願いどおり、ロータスの部員は全員この域に達しているのだ。

以前から指摘されていた、「指示待ち世代」という言葉が、最近もまたよく若者に対して使われている。誰かに指示されなければ動けない若者が多いことを指すが、そんななか、自分で考え、自主的に動くことがあたりまえになっている部員たちは、社会に出ても高い評価を受けるに違いない。

第二はコミュニケーション能力だ。

ロータスには、スキルを先輩が後輩に教える文化がある。また、リーダー育成のため、一年時から幹部四人を選出し、時に交替させながら同学年の部員の統率を任せている。スキルを教えるときも部員たちをまとめるときも、幹部として自分の考えを言葉にしてわかりやすく伝える必要があるわけだ。つまり、日々のコミュニケーションを取る練習をしているようなもので、三年生になれば誰もが話し上手、聞き上手になる。

この能力は当然、社会人になってから役立つ。仕事はもちろん、良好な人間関係を築くためにも会話は欠かせないもので、それを高校時代に身につけておくことは相当なアドバンテージになるだろう。

第三は謙虚な姿勢だ。

「アメリカンフットボールが上手いというだけでは、社会で通用する人間にはなれない」。小林監督は部員たちによく、こう語る。

ロータスの選手たちは、いまや日本一を争う強豪校の一員となった。周囲は少なからず注目するし、その眼差《まなざ》しから、時に得意げになってしまう選手もいる。確かに、部員一人ひとりが努力を重ね、チームでその栄光を勝ち取ったわけだが、そこで勘違いして傲慢《ごうまん》になってはいけない。常に謙虚な姿勢で社会と向き合い、自分を磨き続けてほしいと言いたいのだ。

もう一つ、小林監督が日ごろ選手に伝えている言葉がある。それは、「エースになれ」という言葉だ。アメリカンフットボールの競技において一流であると同時に、人間としても一流であることを説くものだ。スポーツの世界においても、一般的な社会においても、一流の人間は実力、人間性共に信用されることが欠かせない。その意識を常に持てという指導なのだ。だからこそ、謙虚であることを口酸っぱく語るのだろう。

そして、謙虚であることの大切さを小林監督自身が強烈に意識づけられた出来事があった。それは、二〇一六年のクリスマスボウルへの出場が決まり、選手と共に庭野《にわの》日鑛《にちこう》学園長のもとにあいさつに行ったときのこと。そのとき、庭野学園長から贈られた激励の言葉を、小林監督は忘れられないと言う。

「『試合をしてくれる相手の存在に感謝し、相手の良いところを学んで帰ってきてください。相手の良いところをこれまで学んできたからこそ、ここまでこられたのでしょうから』。その言葉をもらいました。勝負事ですから、『精いっぱい戦ってきてください』とか、『悔いなくいままでの成果を発揮してきてください』とか、そういう激励の言葉を想像していたので、ハッとしました」

当時、小林監督は大きなプレッシャーを抱えていた。というのも、対戦相手の関西学院高はこれまで最多の優勝を誇るチームであるだけでなく、周囲も認める強いチームに仕上がっていた。さらに、この年は関西学院高の選手が、試合中の不慮の事故で亡くなっていた。その選手の思いを背負って挑んでくる相手に、誠意を持って向き合い、戦いたいと思った。それを考えるだけでも複雑な心境だが、学校は試合会場である関西まで生徒総出で応援に駆けつける準備をしており、監督としてその期待にも応えなければいけなかったのだ。

「情けない試合はできない。でも、もしかしたら勝負にならないかもしれない。そんなことをあれこれ考えてしまい、気持ちが落ち着かなかったんです。そのとき、学園長からの言葉に、スポーツマンとして忘れてはいけない心構えを教えていただきました」

それからもロータスは負け知らずの戦績を重ねる常勝軍団として突き進んだが、対戦校への感謝の気持ちを忘れず、学ぶチームであり続ける努力をしてきた。

二〇一八年末、ロータスが立命館宇治「パンサーズ」を大逆転で下し、三連覇を達成した試合の直後には、榎並学校長が選手たちにこう語ったそうだ。

「君たちは最後まで諦めることなく戦いました。この貴重な体験ができたのは、立命館宇治高という好チームがいたからです。素晴らしい学びの機会を与えてくれた彼らに感謝しましょう」

勝者の裏には多くの敗者が存在している。スポーツの世界だけでなく、競争のある社会でも同じことがいえるだろう。このようにロータスの部員たちは、部活を通して高い競技力を得るだけでなく、社会に出ても役立つ能力や価値観、人間性を身につけるのだ。「素直・謙虚・感謝」というロータスの合言葉どおりの人間教育、人材育成をしていることがわかる。

勝利の先にあるもの

ロータスは高校アメリカンフットボール界を代表する強豪に成長したが、指導した小林監督は勝利至上主義者ではない。

勝利至上主義の指導者は、勝利という結果を導くために、あらゆる手を尽くす。そうした指導者のもとには数多くの才能あふれる選手が集まるが、彼らの力を引き上げるために過酷な練習を課す。そして、その練習に耐えた者でチームをつくり、勝利することにすべてをかけろと叱咤《しった》する。だから、勝っては泣き、負けては泣くという光景が繰り返されるわけだ。

小林監督は日頃、「勝負事にはこだわれ。でも、勝つことよりも大事なことがある」と部員たちに教えている。その真意はこうだ。

「勝てば官軍」という言葉がある。これは、勝負の内容はどうであれ、勝ちは勝ちだということを意味する言葉だ。しかし、勝利して日本一のチームになっても、悔いが残ることがあるという。

「私自身がそうでしたが、日本一になって夢見ごこちになれることもあれば、悔しさが残ることもあったんです。周囲は優勝という結果だけでチームや選手を見ますが、私自身は、勝ってなお自分に足りなかった部分を痛感しました。こういうことは、勝ったからこそ味わえることなんです。だから、勝負事にこだわれと教えています。部員たちには、『勝利していい振り返りをしよう』と日頃から伝えていますが、ここで終わってもいけません。勝者しか見ることができない景色、味わうことができない気持ちを味わったうえで、敗者を思いやれる気持ちや対戦してくれる相手に感謝する気持ちも持てなければ一流とは言えません。私は指導者として、もちろん勝利をめざしますが、勝利よりも大事な人としての思いやりの気持ちを、部員たちにわかってもらいたいと思っています」

　勝負の世界には勝者と敗者しかいない。大会で勝者となるのは、たった一校だ。ほかはすべて敗者となる。二〇一九年のクリスマスボウルではロータスが最後の敗者となった。目黒キャプテンは悔しそうにしてはいたが、泣き崩れることはなく、部員たちに「この試合は通過点だ」と凜として語った。それを聞いていた部員一人ひとりが、その意味をかみしめ、受け入れていた。監督から教えられた勝利の先にあるものの価値、それを得るために全力を尽くすことの意味。それを知っていたから、そうした姿勢でいられたのではないだろうか。

高校生をそのレベルまで引き上げることができるのが、ロータスというチームなのである。二〇一九年末のクリスマスボウルのように、勝負事は思いどおりにはならないものだ。が、小林監督の指導と根づいた文化が続く限り、ロータスは真に強いチームであり続けるだろう。

特別座談会

アメリカンフットボールが与えてくれたもの

《出席者》

◉小林孝至 ［佼成学園高校アメリカンフットボール部「ロータス」監督］

◉市川司韻 ［第42期主将 2016年 クリスマスボウル 初出場・初優勝時］
（佼成学園 27—17 関西学院）

◉影山 元 ［第43期主将 2017年 クリスマスボウル 連覇時］
（佼成学園 36—16 関西大学第一）

◉寺田 暉 ［第44期主将 2018年 クリスマスボウル 三連覇時］
（佼成学園 39—33 立命館宇治）

◉目黒歩偉 ［第45期主将 2019年 クリスマスボウル 準優勝時］
（佼成学園 7—18 立命館宇治）

聞き手……相沢光一

2016年、

ロータスは高校アメリカンフットボール日本一決定戦である

「クリスマスボウル」に初出場し、

優勝する快挙を成し遂げた。

続く2017年、2018年も制覇し、

3年連続日本一の座に輝いた。

4連覇がかかった2019年は準優勝に終わったが、

4年連続で東日本の代表として日本一決定戦に駒を進めたことで、

トップチームとしての実力を示した。

この4年間を戦った各チームには、

それぞれ強みもあれば弱みもあり、

順風満帆に勝ち進んできたというわけではない。

各年代にはさまざまな課題があり、葛藤があった。

その実像を4人の歴代キャプテンに語ってもらった。

LOTUS

期待されていなかった チームが壁を破った

――まずは、初の全国優勝を成し遂げたチームのキャプテンだった市川さんにお聞きします。市川さんの代のチームは、実はあまり期待されていなくて、クリスマスボウル初出場も、そこで勝って全国制覇してしまうことも、奇跡的だったと聞きました。

市川　はい。期待値では、僕らの一つ下の元《げん》（影山さん）の代のほうが高かったんです。佼成学園では、中学校にアメリカンフットボール兼フラッグフットボール部があって、何度も全国優勝しているんですが、元の代には、その優勝メンバーが大勢いました。中学時代に全国優勝していますから、実力のある選手はそろっているし、自信もある。それに対して、僕の代は中学時代に別の部活をしていて高校からアメリカンフットボールに転向した者が多かったんです。僕自身、サッカー部からの転向でした。高校から始めるのですから、スキルの習得も戦術の理解度もハンデがあります。僕らの代の三年生は十二人いたんですが、人数が少ないうえに未経験者ばかりですから、レギュラークラスの部員は半分くらい。試合では実力派がそろっている二年生に頼っている状態でした。強い高校チームは、普通は頼れる三年生が引っ張ってこそ成立するものですよね。でも、僕の代はそういう形にはなっていなかったんです。

——二年生に頼らざるを得ない状況だったわけですね。

市川　二年生のなかには、「ロータス初の全国制覇は俺たちが獲る」なんて公言している人もいましたしね。

小林　言うまでもありませんが、学生スポーツの部活は毎年メンバーが変わります。好素材がそろい、大会で好成績が残せそうな年もあれば、当然そうでない年もある。全国優勝を何度もしているような名監督と呼ばれる人のなかには、その辺を割り切って考え、好素材がそろった代を集中的に強化して結果を出す人が結構います。そのやり方に従えば、二〇一六年時点のロータスは間違いなく影山の代に注力するのがベターです。でも、それはしたくなかった。どの学年の部員たちも好成績を残そうと必死で練習しているわけですし、私やコーチも、毎年差をつけることなく、与えられたチームを鍛えて最高の成績を残すことに全力を尽くしています。ただ、そうはいっても冷静に見て市川の代は、「関東大会での優勝も厳しいな」というのが正直なところでした。

市川　前シーズンが終わって新チームがスタートするとき、監督から「『連覇』をスローガンにする」と言われたんですよ。ビックリしました。連覇って、普通は前年に優勝していて初めて成り立つ言葉ですよね。優勝の実績も何もないんですから。それでも監督が、あえて「連覇」をスローガンにする意図はなんとなくわかりました。というのも、ロータスはそれまでに三度、クリスマスボウル出場がかかった秋季関東大会の決勝に進出しましたが、あと一歩のところで優勝を逃してきました。勝ち切れなかったのは、自信を持って最後までプレーできなかったからだと思います。だから「連覇」という言葉を掲げることで、「おまえたちが初優勝を飾り、次の代にバトンタッチするんだ」「その実力をおまえたちは持っているぞ」と暗にチームを奮起させ、意識を突き破らせようとしているのだ、と。

――でも、優勝もしていないのに、いきなりそんなことを言われても、とは思いますよね。

市川　僕らの代は、関東大会を勝ち抜くことの難しさを知っていたんです。一つ下の元の代が強かったことは話しましたが、僕の二つ上の代も同じような強いチームだったんです。元のお兄さんの影山勉《べん》さんがキャプテンを務めていた二〇一四年のチームです。この代は、中学時代からの経験者が多く、優秀なメンバーがそろっていました。だから、強いし上手いし、意識も高い。僕は一年目で試合に出させてもらっていたのですが、近くで見ていて「この先輩たちならクリスマスボウルへの出場も、全国優勝もできるんじゃないか」と思っていました。そして実際、秋季関東大会の決勝まで勝ち上がり、早大学院との対戦に臨みました。あと一歩で勝てるところまで行ったんです。でも、試合終了間際で逆転を許してしまった。あのすごい先輩たちでも、クリスマスボウルに行けなかった。厳しい壁なんだと実感しました。

——それだけ厳しい状況だと知っていて、自信は持てたんですか。

市川　僕らの代も、そのあとの二年間、厳しい練習を積んでレベルアップしましたし、実力者がそろう二年生もいる。トップと戦える実力は備えたという自負はありました。でも、二〇一四年のチームのレベルまで達したとは思えませんでした。それなのに、監督から「スローガンは連覇だ」といわれたわけです。もちろんキャプテンとして、「日本一を獲るぞ」と部員たちに声を掛けていましたが、内心では、日本一は獲れなくても、少しでも良い成績を収めて、元の代に全国制覇、そして連覇の道筋をつくれればいいかな、と思っていました。

——ところが、市川さんの代は先輩たちが何度も挑戦しては跳ね返されてきた厚い壁を突き破って、クリスマスボウルに初出場し、制覇まで成し遂げました。

市川　あのときは、まさに「神がかり」の連続でした。秋季都大会も関東大会も、安心できる試合はほとんどありませんでしたが、厳しい状況になると、予想を超えたビッグプレーが出るんです。それでチームが勢いに乗って、勝ち上がることができました。クリスマスボウルで対戦した関西学院も、その年は史上最高のメンバーがそろっていると言われていて、関係者の間では「関学が楽勝するだろう」と思われていたんです。でも、その相手にも勝てた。振り返ってみると、あのときの僕らはチャレンジャーでいられたから良かったんだと思います。秋季大会の決勝やクリスマスボウルといった大事な試合では、不思議とプレッシャーは感じませんでした。失うものはないわけだから、とにかく目の前の相手に全力でぶつかっていけばいい。その意識が持てたから、いつもの自分たちのプレーができた。それが、全国優勝につながったと思っています。

——影山さんがキャプテンを務めたのは、市川さんの代から目標に据えていた「連

覇」を成し遂げた二〇一七年のチームです。チームには実力者がそろっていて、自他ともにその強さを認めていたそうですね。

影山　僕の代は中学時代からの経験者が多く、アメリカンフットボールが大好きだし、高いレベルでプレーを突き詰めたいと思っている人ばかりでした。選手としては頼もしいのですが、その一方で自己主張が強いというか、チーム全体を見てまとめようというリーダーシップがあるタイプの人がいなかったんです。キャプテンを決める話し合いをしたときも、なり手がいなくて。

——キャプテンをやるより、自分のプレーに集中したいということですか。

影山　そんな感じです。なぜ僕がキャプテンになったかというと、「学年で一番真面目だから」という理由なんです。そんな僕が、個性の強いメンバーをまとめられるのか。不安ばかりを抱えていた一年間でした。

——チームワークを高められないのではないかという心配ですね。

影山　はい。ただでさえ実力に自信を持っているメンバーばかりだったので、常に意識が関東大会の決勝とか、その先のクリスマスボウルに向かっているんです。大会は一回戦から一つ一つ勝っていかなければならないわけだし、キャプテンとしては目の前の試合に集中してもらいたい。でも、そんな言葉を掛けても「どことやっても勝てるから」という反応なんですよ。勝負事って、何が起こるかわからないじゃないですか。一回戦、二回戦で当たるチームだって厳しい練習を積んでいるはずだし、「打倒ロータス」を掲げて対策を練ってくる。思わぬところで足をすくわれることもあるのではないか、と思っていました。

——しかし、順調に勝ち上がり、目標としていた連覇も勝ち取りました。

影山　自信はあるけど、慢心するまでには至っていなかったからだと思います。アメリカンフットボールが好きで向上意欲が強いメンバーでしたから、みんな練習はとことんやりました。その思いは共通していたので、試合になると、チームは一つにまとまるんです。

——でも、そういうチームのキャプテンを務めるのは大変でしょうね。

影山　監督には助けていただきました。僕の発言を受け止めようとしない選手がいると、監督が厳しい言葉でチームを引き締めてくださいましたから。

クリスマスボウル初出場で初優勝を遂げ、表彰状を受け取る市川キャプテン

「連覇」を成し遂げ、仲間の前で涙ながらに語る影山キャプテン

小林　自信のあるチームほど危ういものはないですからね。影山の苦労も知っていましたし、このチームには結構厳しいことを言っていました。

連覇によってのしかかるプレッシャー

――影山さんのあとを受けて、二〇一八年のチームのキャプテンになったのが寺田さんです。上の代が周囲の期待どおりの強さを見せて連覇を成し遂げたあと、チームをリードすることになったわけですが、難しさは感じましたか。

寺田　ほかのチームが「今年のロータスは、強い三年生が抜けたから戦いやすい」と言っていたと、聞いたことがありました。でも、僕自身はあまり気にしませんでした。僕の代は、実力があって意識も高く、日本一になった先輩と一緒に練習を積んで良い影響を受けているわけですから、それだけでも十分トップレベルの実力があると思っていました。それに、そもそもメンバーが変わって違うチームになっているのだから、比較してもしょうがないですよね。それより、いまいるメンバーの特性を活かしてチームを仕上げ、日本一を目指そうと考えました。

——チームの弱点はなかったんですか。

寺田　弱点はありました。僕の代のメンバーは、練習や試合には真剣に集中して臨むのですが、グラウンドを離れると、良くいえば明るい、悪くいえばお調子者になってしまう部員が多かったんです。その個性はチームに良く影響することもありますが、悪影響を及ぼす可能性もないとはいえません。その部分をどうリードしていくかに気を配りましたね。それと、僕の代からは「連覇したチーム」という目が周囲から向けられるようになりました。ロータスが公式戦で最後に負けたのが市川さんの代の春季関東大会でしたから、僕がキャプテンになった頃には記録が三十連勝以上になっていました。試合に勝つたびに、「○連勝だ」といわれるんです。チームの目標は日本一ですよね。そこまでの過程ももちろん大事だけれど、キャプテンとしては日本一を達成するためにチームをどうまとめていくかを考えたいのに、連勝を騒がれると、目の前の試合に「絶対負けられない」という意識になってしまうんです。目指すべきものが曖昧になっていくようで、「次は○連勝だ」と言われるのが、ものすごく嫌でした。

——しかし、そうしたプレッシャーにもめげずに連勝を重ね、三連覇を達成しました。

特にクリスマスボウルの大逆転劇は奇跡とも呼ばれ、最後まで勝負を諦めない姿勢はファンの間で語り草になっています。立命館宇治高に第一クオーターで二十一点もの大量点を奪われ、その後もリードをキープされた絶望的な状況でした。寺田さんは、そのとき、メンバーにどのような声を掛けたのですか。

寺田　「いつもどおりにやろう」のひと言です。第四クオーターで僕らは十九点差をつけられていました。残り十二分間で何か特別なことをやろうと思っても、できるわけがありません。だから、みんなには「いつもどおり、自分たちのプレーをしよう」と言いました。「チームとしていままでやってきたこと、三年生は三年間それぞれが積み上げてきたものがあるはずだから、最後の十二分間に出し切ろう」と。自分自身としては、それで出た結果を受け止めようと思ったんです。そうしたら逆転してしまった、というのが正直なところです。

――その劇的な三連覇の後、スタートしたのが二〇一九年のチームです。目黒さんがキャプテンを務めました。

目黒　僕はもちろん、チームもものすごいプレッシャーのなかでスタートすることになりました。あんなすごい逆転劇を体験し、大きな喜びを味わわせてもらったわけです。そのあとを継ぐプレッシャーが大きすぎて、「三年生と一緒に引退したい」というメンバーもいたほどです（笑）。

――目黒さんは、キャプテンを務めた期間、そのプレッシャーと戦い、チームをリードしてきたのですね。

目黒　寺田さんが「連勝記録を騒がれるのが嫌だった」とおっしゃいましたが、僕も同じ思いでした。秋シーズン前の試合は、チームの課題を見つけて修正することを目的に試合に臨むことが多いのですが、周囲から「連勝」だと言われると、本来の目的よりも「負けられない」という意識が先に立ち、結果を求めてしまうんです。それに、三連覇したことで、周囲から「日本一になってあたりまえ」「勝ってあたりまえ」という目で見られるようになりました。でも、僕がキャプテンを務めた二〇一九年のシーズンは、ライバル校がどこも力をつけており、秋季都大会も関東大会も、一つとして余裕のある試合はなくて、負けてもおかしくないギリギリの状態で戦っていました。それなのに「勝ってあたりまえ」と見られてしまうんです。応援していただけるのはうれしいんですが、そのギャップには苦しみました。

相手チームがファンブルしたボールを抑え、ガッツポーズを決める寺田キャプテン

パスボールをエンドゾーンでキャッチし、タッチダウンを決めた目黒キャプテン

――四連覇こそ達成できませんでしたが、そんな大きなプレッシャーのなか、すべての高校アメリカンフットボール部が目標とし、全国で二校しか残れないクリスマスボウルに出場したことは称賛に値すると思います。

小林　結果は敗戦でしたから、私も試合の直後は落ち込みました、監督として勝利に導けなかったことに申し訳なさも感じました。ですが、落ち着いて振り返ったとき、あの敗戦をポジティブに受け止められるんです。試合後、敗戦の責任を一番に感じ、悔しくて仕方がないはずの目黒がメンバーにこう語り掛けました。「この試合は俺たちにとっては一つの通過点だ。この経験をこれからに活かしてほしい」と。加えて、相手の強さを認め、リスペクトすること、この試合に出場できたこと、そんな自分たちを支えてくれた多くの人に感謝することも語りました。そして、それを聞いた部員たちも目黒の言葉を受け止めてくれた。勝利こそできなかったものの、部員たちのその行動に、監督である私自身が救われた思いでした。

――周囲からの期待やプレッシャーのなかで戦いながら、キャプテンとして一年間チームをまとめ上げた目黒さんのひと言は重たいですね。

小林　今日集まってくれた四代のキャプテンが率いたチームは、それぞれロータスに大きな財産を残してくれました。市川の代はこれまでロータスの前に立ちはだかっていた壁を突き破ってくれた。影山と寺田の代は、その勝者のメンタリティを継続し、チャンピオンチームとしての自信をチームにもたらした。目黒の代はクリスマスボウルでの連覇こそ途切れたものの、部活動を通した教育をこれまでやってきて、それが間違っていなかったことを実感させてくれました。もちろん、それはそれ以前のキャプテンや部員たちが培ってくれた伝統の賜物ですが、この四代を見てそれが実ったと思えたんです。

勝利を支えた キャプテンの手腕

――小林監督が語る良い伝統の継承は、キャプテンを務めたみなさんも意識していたと思います。キャプテンとして心掛けたことがあれば、お聞かせください。

市川　僕が意識したのは部員同士がなんでも話し合える環境づくりです。僕自身、影響を受けたのは二つ上の先輩たちです。スキルもアメリカンフットボールに取り組む意識も高くて、影山勉キャプテンをはじめ、全員を尊敬していました。ただ、競技に対する姿勢が厳しいというか、気軽に話し掛けづらい雰囲気があったんです。アメリカンフットボールでは、選手同士がコミュニケーションを取ることも大事な要素ですから、そこは変えていこうと思いました。

小林　市川は率先垂範型だよね。下級生にもどんどん話し掛けるし、練習の準備も自分ができることを見つけてやる。キャプテンが率先してやっているのだから、ほかの三年生もそれに倣い、二年生、一年生もやるようになる。市川はそういう文化をチームに植えつけてくれました。

寺田　僕は一年生のときに、市川キャプテンのリーダーシップを見ているんですが、あのときの三年生は市川さんをはじめ全員が優しくて、驚いた記憶があります。練習外でも気さくに話し掛けてきて、アドバイスもしてくれる。高校の部活って、上が厳しくしないと強くなれないというイメージがあるじゃないですか。でも、市川さんの代は優しいのに強くて、全国制覇までした。もちろんアメリカンフットボールに対して妥協はしないですし、きつい練習をガンガンするから強いのですが、市川さんたちを見て、「強いことと上下の厳しさは関係ない」と学びました。

小林　私はもともと体育会的な指導や部内の上下関係が性に合わなくて、監督に就任したときから、そうした要素を廃してきました。ただ、各代のメンバーの考え方や醸し出す雰囲気によって、どうしても厳しさが出てしまうことがあるんです。二〇一四年の影山勉の代は、強くありたいと思うあまり、その練習や雰囲気についていけない下級生が出ていました。でも、市川がキャプテンになってからは、上手く下級生とのコミュニケーションを取るように努めてくれました。いまもその流れは続いています。そういえば市川の代は、もう一つ良い文化をもたらしてくれました。先ほども話に出ましたが、市川の代は能力が高くないメンバーが多かったんです。そのため、三年生の半数近くがレギュラーになれなかった。三年で試合に出られない状況は、普通ならモチベーションが下がりますよね。でも、彼らは違った。試合に出なくてもチームのためにできることはあると考え、気持ちを切らすことなく裏方として貢献してくれたんです。こういうチームができたのも、市川の優れたキャプテンシーがあったからではないでしょうか。

影山　僕も同じことを感じたことがあります。二年生のときにその先輩方の姿を見ていたのですが、僕の代は試合に出て活躍するのがあたりまえの人が多くて、その気持ちが理解できなかったんです。でも、先輩方の献身的な姿勢を見ているうちに、試合に出るだけが価値ではない、支えてくれる人たちを含めて一つのチームなんだということがわかりました。

——影山さん、寺田さんもキャプテンになったとき、市川さんのチームのまとめ方を参考にしたのですか。

影山　メンバーが違うので、同じやり方を踏襲することはできませんが、参考にしたことはかなりあります。

寺田　キャプテンになったとき、市川さんからメールでアドバイスをいただきました。（影山）元先輩と同じく、市川さんと同じようにはできませんから、チームをよく見て、自分なりのリーダー像を模索していました。

目黒　僕は、市川さんがキャプテンをしているところを直接見ていませんが、監督に聞いた話だと、リーダーのタイプとして、僕と似ているように感じていました。部活には面倒くさいことや大変なこともあるけど、自分がそれを引き受ければ、部員がプレーに集中できるという考え方を持っていました。そう思って行動していたら、いつの間にかほかのメンバーも手伝ってくれるようになったんですけどね。市川さんと同じですよね。

小林　前の代の良い伝統が自然に引き継がれるのがロータスの良さでもあります。キャプテンのあり方もそうです。いま、話の主役が市川になっていますが、影山にも寺田にも目黒にも、それぞれのやり方があり、私としても見習うべき素晴らしいところがあった。その良いところが受け継がれて、いまのロータスがあると思っています。

部員に刻み込まれる監督の言葉

――ここまでの話から、みなさんはロータスのキャプテンを務めたことで、得難い経験をされたことがわかりました。その経験から学べたことを教えてください。

市川　勝負に対する姿勢です。監督は勝利至上主義ではないんです。「勝利の意味を考え、勝利の先を見る」ということを学びました。上手く説明できないんですが、別の言い方をすれば「勝利はすべてではない、ほかにも大切なことはある。だが、勝負する以上は勝たなければ意味がない」という感じでしょうか。また、監督から聞いた言葉では、「負けた先にあるものは想像できるが、勝った先にあるものは勝った者にしかわからない」が心に残っています。ロータスではアメリカンフットボールが勝負の場所でしたが、その先の人生でも勝負する

上級生にも下級生にも分け隔てなく接し、部員に寄り添う小林監督

局面は何度もやってくるはずです。そのときは全力で勝利を目指し、そこで得られたものを先につなげていく。これは、人生を通して大事にしていくべき考えだと思っています。

目黒　僕も監督の言葉で印象に残っているのは「勝負にこだわれ」です。これも単に勝てばいいということではありません。手強い相手がいて、勝つために全力を尽くすから自分が成長できる、勝たなければならないライバルがいるから向上心が生まれ、人間としても成長できる。その意味で、「勝負にこだわれ」ということなんです。

小林　監督として補足させていただくと、勝利って魔法みたいなものなんです。ロータスでいえば、長年どんなに努力しても越えられなかった壁がありました。ですが、一度越えたことで、選手たちはチャンピオンとしての自信を得、その壁も取り払われました。それが三連覇や四年連続のクリスマスボウル出場につながっていきました。そのかわり、プレッシャーなどの苦しみも味わうことになりましたが、それだって彼らにとっては貴重な経験であり、乗り越えることで人として成長できます。さらに加えれば、全国制覇するまでのロータスの目標は関東大会での優勝でした。そのレベルで止まっていれば、選手たちにとってのア

メリカンフットボールは、おそらく学生時代の楽しみに終わるでしょう。それが日本一になれたことで、「U－19日本代表」に選ばれる可能性が生まれたり、アメリカンフットボールの本場であるアメリカ代表と対戦するチャンスに恵まれたりと、これまでにない経験を積める選手も出てきました。一つの勝利をきっかけに夢は膨らみ、人としてもスケールアップする。勝利、とりわけ「連覇」には、人を成長させる魔法のような効果があって、だから、私は「勝負にこだわれ」と選手たちに言うんです。

市川　ニュアンスは異なるんですが、監督からよく言われていたのが「アメリカンフットボールがどんなに上手くても、社会では通用しないぞ」という言葉です。これは、謙虚な気持ちを忘れるなという戒めと、自分磨きを続けろという意味として受け止めています。僕らは日本一になっていますから、称賛の言葉を受けることも多いんです。なかには、勘違いして傲慢な態度になってしまう人も出てくるかもしれません。でも、ひとたび社会に出たら、アメリカンフットボールのことを知っている方は少ないですし、その実力だけでいい暮らしができるわけでもない。僕らはアメリカンフットボールがすべてだと思い込みがちだけど、社会にはもっと大切なこと、礼儀であったり、人を尊重する気持ちであったり、いろいろなことを学ぶ意欲であったり、生きていくうえで忘れてはいけないことがたくさんあると思います。ロータスでは、社会で生きていくために必要な心構えをつくってもらったように思っています。

寺田　ちょっとしたエピソードなんですけど、僕は高三の夏合宿で聞いた言葉が心に残っています。同じ宿舎にサッカー少年団の小学生たちがいたんです。そのとき、監督から「彼らの見本になるような振る舞いをしろ」と言われました。小学生が憧れて真似《まね》をしたくなるアスリートであれということです。例えば、練習後に僕たちが苦しそうな表情をしていたら、「大人になると大変なんだな」と思わせてしまうかもしれません。食事をおいしくいただいたり、使った椅子や履き物をそろえたりする。そうしたなにげない所作でも、一流の振る舞いをしろという指導だったと思っています。すごくシンプルでわかりやすいでしょ。だから、僕はいまもその言葉を大事にして実践を心掛けています。

影山　僕が監督から聞いて大切にしている言葉は「感謝の気持ちを忘れるな」です。大好きなアメリカンフットボールができるのは、両親や周囲の人たちの支えがあるからです。また、試合を例に挙げても、会場の設営をしてくださる方、審判の方、観戦しにくる方、応援してくださるOBなどがいて初めて成立するものです。対戦相手になるチームだって、そうです。挙げたら切りがないほど、感謝しなければならない人たちがいるわけです。これはアメリカンフットボールに限りません。自分の生活や行動に関係するすべての人が感謝の対象です。この教えは常に忘れないように心掛けています。

目黒　ロータスのチームスローガンは「素直・謙虚・感謝」ですが、監督の言葉にはすべてこのエッセンスが含まれています。直接的でなく、日々の指導を通じて僕らに授けてくださっていると思います。

小林　みんなの発言を聞いていると、ちょっと気恥ずかしくなりますね。でも、素直にうれしいです。私の考えをしっかりと受け止めてくれていて。さすが、キャプテンを務めただけのことはあると思いました。みんなには心から感謝しています。

市川　僕らだけじゃないと思いますよ。監督の指導を受けたほとんど全員が、同じことを思っているはずです。

――人としていかに生きるかを学ぶ場がロータスにあることを実感しました。みなさんの今後の活躍も期待しています。本日はありがとうございました。

おわりに

女子プロテニスの大坂なおみ選手を世界ランク一位に導いたサーシャ・バインコーチが、試合に負けて号泣する教え子に、「試合は、勝つか学ぶかだ」という言葉を掛けるシーンを見たことがある。

誰だって負けるのは悔しい。相手の力が自分を上まわっていることを認めざるを得ないわけで、勝利のために必死で練習してきた選手ほど悔しい思いは強いだろう。

だが、「負けた」を「学んだ」と受け止めれば気持ちが切れることはない。自分に足りなかったのはスキルなのか、フィジカルなのか、それともメンタルなのか。敗戦という結果から課題が見つかり、そこを改善すればもっと強くなれると、前を向くことができるのだ。そう発想すれば、相手は自分に「学び」を与えた存在であり、リスペクトの対象になる。その相手を目標にすることで、さらにモチベーションも上がる。選手は失意を乗り越え、もう一度立ち上がれるのだ。

ロータスも、昔は負けてばかりいた。小林監督はその敗戦から課題を見つけては、一つ一つ改善していった。また、部員たちにも敗戦を学びの機会として受け止めさせてきたはずだ。だからこそ少しずつ実力を上げ、全国制覇するまでのチームになったのだろう。私はトップレベルの強豪になってからのロータスしか知らないが、小林監督をはじめコーチ陣、ＯＢなど数多くの関係者から話を聞き、ロータスは学びを続けてきたことで強くなったと確信した。

そして小林監督と、その教えを受けている部員たちを間近で見てきて、「勝利からも学ぼうとしている」姿勢が感じられた。二〇一六年から三年連続日本一。全国制覇は最終到達点であり、完結としていいはずだが、小林監督は「勝った者にしか得られないものがある」「勝利がすべてではないが、戦う以上勝負にはこだわれ」と部員に語り続ける。「勝利からも学べるものがある」と思っている証拠だ。

ロータスにとっては、すべてが「学び」なのだ。敗戦からも、勝利からも、そして部活動を行なう日々からも、部員たちには多くのことを学び、人間的に成長する糧としてほしい。小林監督には、そんな思いがある。アメリカンフットボールの名指導者である以前に「人を育てることに情熱を注ぐ教育者」としての信念を感じた。

取材協力

◆佼成学園高等学校アメリカンフットボール部「ロータス」

小林孝至（監督／日本大学フェニックス、アサヒビールシルバースター／ＲＢ）

関　孝英（ディフェンスコーチ／日本大学フェニックス、さくら銀行ダイノス／ＯＬ・ＤＬ）

小池宏昌（ヘッドコーチ／日本大学フェニックス、富士通フロンティアーズ／ＯＬ）

井上　怜（ヘッドコーチ／日本大学フェニックス／ＬＢ）

加瀬　剛（ヘッドトレーナー）

◆佼成学園中学校アメリカンフットボール部「ロータス」

東松宏昌（コーチ／アサヒビールシルバースター／ＲＢ）

◆佼成学園高等学校アメリカンフットボール部「ロータス」後援会／ＯＢ会

◆キネシオ接骨院（院長 加瀬 剛）
東京都中野区新井5-23-4 1F　TEL 03-5942-6773
http://kinesio-sekotsu.com/

◆株式会社 明治

◆佼成学園中学校・高等学校
〒166-0012 東京都杉並区和田2-6-29
TEL 03-3381-7227 FAX 03-3380-5656

順不同・敬称略

年度	期	春季		秋季		
		都大会	関東大会	都大会	関東大会	クリスマスボウル
1999	25期	ベスト8		1回戦		
2000	26期	ベスト16		1回戦		
2001	27期	ベスト8		3位	1回戦	
2002	28期	ベスト8		ベスト16		
2003	29期	ベスト8		ベスト16		
2004	30期	1回戦		2回戦		
2005	31期	3位	準優勝	ベスト16		
2006	32期	4位	4位	4位	ベスト4	
2007	33期	優勝	優勝	準優勝	準優勝	
2008	34期	ベスト8		ベスト8		
2009	35期	準優勝	ベスト8	準優勝	準優勝	
2010	36期	準優勝	ベスト8	ベスト8		
2011	37期	準優勝	ベスト8	3位	ベスト8	
2012	38期	準優勝	3位	ベスト8		
2013	39期	ベスト8		ベスト8		
2014	40期	ベスト8		優勝	準優勝	
2015	41期	準優勝	3位	ベスト16		
2016	42期	優勝	準優勝	優勝	優勝	優勝
2017	43期	優勝	優勝	優勝	優勝	優勝
2018	44期	優勝	優勝	優勝	優勝	優勝
2019	45期	優勝	優勝	優勝	優勝	準優勝

クリスマスボウル出場　4回……優勝3回　準優勝1回
全国選手権大会（秋季・関東地区）出場……12回　優勝4回　準優勝3回
関東大会出場14回……優勝4回　準優勝3回
春季東京都大会……優勝5回　準優勝5回
秋季東京都大会……優勝5回　準優勝2回

LOTUS　戦績一覧

年度	期	春季		秋季		
		都大会	関東大会	都大会	関東大会	クリスマスボウル
1975	1期					
1976	2期	1回戦*		ベスト16		
1977	3期	1回戦棄権		1回戦		
1978	4期	ベスト16		ベスト16		
1979	5期	1回戦		不参加		
1980	6期	不参加		不参加		
1981	7期	不参加		不参加		
1982	8期	不参加		ベスト16		
1983	9期	ベスト16		1回戦		
1984	10期	ベスト16		ベスト16		
1985	11期	ベスト8		ベスト8		
1986	12期	4位	準優勝	ベスト16		
1987	13期	1回戦		ベスト16		
1988	14期	ベスト8		ベスト8		
1989	15期	ベスト8		ベスト8		
1990	16期	2回戦		2回戦		
1991	17期	ベスト16		ベスト16		
1992	18期	2回戦		2回戦		
1993	19期	ベスト16		2回戦		
1994	20期	1回戦		ベスト16*		
1995	21期	2回戦		3位	1回戦	
1996	22期	1回戦		2回戦		
1997	23期	ベスト16		ベスト16		
1998	24期	3位	1回戦	3位	1回戦	

*コイントス敗退

相沢　光一

1956年埼玉県生まれ。スポーツライター。野球、サッカーはもとより、マスコミに取り上げられる機会が少ないスポーツも地道に取材。著書にはアメリカンフットボールのチーム作りを描いた『勝利者 一流主義が人を育てる勝つためのマネジメント』(アカリFCB 万来舎)や自身の介護経験を綴った『介護を左右する 頼れるケアマネ 問題なケアマネ：満足いく在宅介護をどう実現するか——』(河出書房新社)などがある。現在は、ダイヤモンドオンライン、プレジデントオンラインをはじめとするWEB メディアでも多数執筆中。

Kosei shuppan

連覇

なぜ、佼成学園高校弱小アメフト部が日本一になれたのか

2020 年 9 月 30 日　初版第 1 刷発行

著　者　相沢光一
発行者　水野博文
発行所　株式会社佼成出版社
〒 166-8535　東京都杉並区和田 2-7-1
電話　(03) 5385-2317 (編集)
(03) 5385-2323 (販売)
URL　https://www.kosei-shuppan.co.jp/

印刷所　錦明印刷株式会社
製本所　株式会社若林製本工場

◎落丁本・乱丁本はお取り替えいたします。

ISBN978-4-333-02831-3 C0037